Charlas de
Swami Paramatmananda

Volumen 1

Mata Amritanandamayi Center, San Ramon
California, Estados Unidos

Charlas de Swami Paramatmananda
Volumen 1

Publicado por:
Mata Amritanandamayi Center
P.O. Box 613
San Ramon, CA 94583
Estados Unidos

———————————— *Talks 1 (Spanish)* ————————————

Primera edición por MA Center: septiembre de 2016

En España: www.amma-spain.org
    fundación@amma-spain.org

En la India:
    inform@amritapuri.org
    www.amritapuri.org

Prólogo

Este libro está dedicado a la jagadguru Sri Mata Amritananda-mayi, con profunda devoción, saludos respetuosos y salutaciones reverentes

Desde 1968, Swami Paramatmananda Puri ha vivido como renunciante en la India, donde se trasladó a los diecinueve años para empaparse de la esencia espiritual de esa antigua y gran cultura. Ha tenido la buena suerte de haber disfrutado de la compañía de muchos santos y sabios a lo largo de los años, lo que culminó en el encuentro con su guru, Mata Amritanandamayi, en 1979. Al ser uno de sus principales discípulos, finalmente se le pidió que volviera a Estados Unidos para ponerse al frente del primer ashram en Occidente, el Mata Amritanandamayi Center, donde residió desde 1990 hasta 2001.

Muchos de los residentes y visitantes del Centro están de acuerdo en que uno de los puntos fuertes de los programas que se celebran allí han sido las charlas del Swami, que incorporan sus experiencias en la India, su comprensión de las escrituras sagradas y su vida en el camino espiritual. Con ingenio y humor ha hecho una síntesis de oriente y occidente, creando una tribuna de aprendizaje espiritual para personas de toda condición.

Originalmente sus charlas sólo estaban disponibles en cinta, pero ahora han sido transcritas conservando en la medida de lo posible su manera de hablar, lo que hace de estos volúmenes un tesoro de sabiduría para las generaciones futuras.

El editor
M.A. Center
1 de marzo de 2000

Índice

Historias de santos – 1

La semana pasada hablamos de santas, de mujeres *mahatmas*, en especial de algunas santas que había en los tiempos védicos, en tiempos muy antiguos, que eran sabias upanishádicas. Esta semana he pensado que podríamos hablar sobre algunas *mahatmas* más recientes. "Recientes" significa de hace unos mil años.

No debemos pensar que todos los *mahatmas* tienen que ser *sannyasis*, que no se puede ser un santo o un sabio o un místico o un *mahatma* sin renunciar al mundo y ponerse el *kashaya*, la tela *gerrua*, la tela naranja. Ha habido muchas personas realizadas que estaban casadas, y tenían hijos, tenían una familia y tenían un trabajo. Y aún así todo el tiempo libre que podían conseguir lo pasaban haciendo *sadhana*, haciendo práctica espiritual.

"No puedes llevártelo contigo"

Yo mismo conocí a un hombre que vivía en Hyderabad. Era catedrático, catedrático de filosofía. Tenía un trabajo que era muy conveniente para la práctica espiritual. Siempre lo veías haciendo *japa*. Siempre que no tenía que hablar o que no tenía nada que hacer, si estaba sencillamente sentado, o iba en autobús de camino a algún lugar, o estaba conduciendo el automóvil, siempre se veía una mano que estaba haciendo así... siempre estaba "Ram, Ram, Ram, Ram..." Siempre estaba haciendo japa. En todo momento libre hacía japa. Y cualquier sabio o santo que viniera a Hyderabad, él iba a visitarlo, a recibir su *darshan*. Si querían ir a su casa, él los invitaba. Alojó en su casa a varios sannyasis y santos durante dos o tres años. El resto de la familia no estaba muy contenta de ello, pero a él no le importaba realmente, porque se había dado cuenta de que tenía que salvarse, que tenía que transformar en gracia cualquier cosa que tuviera de este mundo. O, un escalón más abajo, en *punyam*. Punyam significa mérito. Ya sabéis, podríamos decir que todo es o meritorio o lo contrario. O nos acerca a Dios o nos aleja aún más de Dios o del Yo. O podríamos decir que nos acerca a la felicidad o siembra semillas para nuestro sufrimiento, nuestro sufrimiento futuro. Lo que siembra las semillas del sufrimiento se llama *papam*. Se suele traducir imprecisamente como "pecado"; pero no sé si es una buena traducción, porque esa palabra concreta tiene tantas connotaciones que a muchas personas no les gusta. Punyam significa lo que da felicidad.

De modo que esas personas descubren que, aunque necesiten una cierta cantidad de bienes materiales para su vida material, todo lo que pase de ahí deberán transformarlo para poder llevárselo cuando se vayan. Debéis de haber oído la expresión "no puedes llevártelo contigo." Pues bien, sí que puedes llevártelo; pero antes de poder hacerlo tienes que convertirlo. No puedes convertirlo después de irte allí. Es como si vas a cruzar una cordillera para irte a otro país, y en ese otro país no tienen cambio, un sistema de cambio de moneda extranjera. Así que aquí mismo tienes que cambiar tu dinero por la moneda que se usa allí. Y así, cuando llegues allí todo irá bien, tendrás mucho dinero. Es así exactamente. Nuestras acciones, nuestra riqueza, nuestra salud, nuestro todo, podemos convertirlo ahora en punyam, en gracia, pero después no podremos hacerlo. Después, cuando estemos al otro lado, cuando nos hayamos unido a la mayoría, no se nos va a dar la elección: "Bueno, tienes veinticinco o cincuenta mil dólares en el banco...

los tenías. Ya no los tienes. ¿Quieres que te los cambiemos para que puedas ir a un plano de existencia más elevado?" Nadie te va a preguntar eso. Así que, cualquier cosa que haya que convertir, hay que convertirla ahora mismo.

De modo que ha habido grandes seres con familia. De hecho casi todos los rishis, los sabios de la antigüedad, eran personas con familia. Hasta el día de hoy y a lo largo de toda la historia siempre ha habido algunas grandes personas con familia. Y todas hicieron eso: comprendieron que la vida era fugaz, que en cualquier momento puede acabarse, y la aprovecharon al máximo. No en el sentido en que la mayor parte de la gente piensa en aprovechar la vida al máximo. Ellos se prepararon para la vida que viene después de esta.

Historia de Karekalamma y los mangos

Había una mujer que era así. Se llamaba Punyadavati. También tiene otro nombre: se llama Karekalamma. Y es una de los famosos santos shaivas, ya sabéis: en Tamil Nadu existe una tradición, la tradición de los Nayanmar, es decir, los grandes devotos del Señor Shankara Siva. En los templos de Siva los veréis. Hay sesenta y tres, todos son *mahatmas*, y veréis que hay imágenes de todos ellos en el templo, no sólo del Señor Siva. A un lado veréis a todos estos *mahatmas*. Escribieron muchas canciones, y todos ellos eran místicos. Así que esta Punyadavati era una de ellos, y su historia es muy bonita. Nos enseña que las apariencias engañan.

Era la hija de un mercader muy rico de un lugar llamado Karekal. Creo que estaba cerca de Pondicherry. Estaba gobernado por los franceses. Creció y se convirtió en una chica muy guapa. Otro mercader de otra ciudad quería que su hijo se casara con Punyadavati. Así que lo arreglaron, se pusieron de acuerdo y se celebró la boda. Y juntos fueron muy felices. Creo que el nombre de su marido era Paramadatta. Vivieron juntos llevando una vida corriente de casados, y todo parecía de lo más normal. Su marido también era mercader. De hecho, el suegro le dio al yerno una gran cantidad de dinero que le permitió montar su propio negocio, y vivían en la misma ciudad, Karekal.

Un día en que el marido estaba sentado en la tienda, llegaron otros mercaderes y estuvieron hablando de asuntos de negocios. Después, los otros mercaderes le regalaron dos mangos grandes y jugosos. Él se los dio al sirviente que tenía en la tienda y le dijo que los llevara a su casa y se los diera a su mujer, que los tomaría para almorzar cuando volviera a casa. Así que el sirviente los cogió y se los dio a Punyadavati. Esta estaba cocinando. Acababa de terminar el arroz, pero no había cocinado nada más.

Justo entonces llegó un *sadhu*, un devoto de Siva. Se detuvo ante la puerta:

-Bhiksham dehi cha Parvati, oh Parvati Devi, oh Madre Divina, por favor, dame *bhiksha*, por favor, dame algo de comer.

Estaba mendigando, así que ella salió. Era una devota de Siva, ¿no? Amaba a Siva. Desde su infancia hacía la Siva *puja*, igual que la que hicimos anoche. Así que salió corriendo. Y le dijo:

—Oh, Swamiji, por favor, entra, entra, entra. Por favor, siéntate.

Le sirvió el arroz. No tenía nada más. Quizá unos encurtidos, no lo sé. Pero no había preparado nada más. Si nuestra cocinera Kamala hubiera estado por allí, habría habido en abundancia (*risas*); pero Kamala todavía no estaba por aquí, y Punyadavati sólo había terminado de hacer el arroz. Recordó que también tenía los mangos, así que se dijo: "Le daré un mango como acompañamiento, y quizá algo de yogur. Podrá mezclarlo todo y estará delicioso." Así que cogió uno de los mangos y se lo dio al sadhu. Este se comió todo el arroz y el mango y se sintió muy feliz, la bendijo y se fue.

Al cabo de un rato, alrededor del mediodía, llegó el marido. Se bañó y se sentó para almorzar. Ella le sirvió el arroz y todo lo demás que había preparado. Entonces él le dijo:

—¿Y qué hay del mango? Te envié unos mangos, ¿no?

—Sí— dijo ella, y volvió trayendo el mango que quedaba, y se lo sirvió en su hoja[1]. Él se lo comió y dijo:

—¡Oh, está delicioso! Tráeme el otro.

Ella estaba en un aprieto. No dijo nada. En ese momento podría haber dicho algo. Podría haber dicho: "Se lo he dado a un sadhu." Pero por algún motivo dudó un poco. Quería complacer a su marido. Así que fue a la despensa y se puso a llorar:

—¡Oh Siva, oh Siva! ¿Qué voy a hacer? Está pidiendo el mango y no lo tenemos. Se lo podía haber dicho, pero no lo hice. ¿Qué voy a decirle ahora?

Levantó las manos y gritó:

—¡Oh, Dios, por favor, sálvame!

Y entonces, de repente, en sus manos apareció un mango. Más que asombrada, ella se sintió muy agradecida; aunque probablemente algo asombrada sí que estaría. Cogió el mango, salió y se lo dio a su marido. Este se lo comió y dijo:

—¡Oh, este mango es diez veces más dulce que el otro! ¿Dónde lo has conseguido? ¿Es el mismo que te envié? ¿Cómo pude darte dos mangos tan absolutamente diferentes? No me lo puedo creer.

Entonces ella pensó que lo mejor que podía hacer era decirle la verdad, y así lo hizo:

—Vino un sadhu y le di el primer mango. Cuando ahora me has pedido el segundo, le he rezado al Señor Siva y Él me lo ha dado.

—¡Bah! ¡Seguro! —dijo él—. Si te ha dado el segundo mango, ¿puedes conseguir que te dé otro, un tercer mango?

—No lo sé —respondió—. Voy a pedírselo a Dios.

---

[1] En la India rural se suele comer en hojas de plátano.

Se apartó, se volvió hacia un rincón y empezó a llamarlo:

—¡Oh, Siva! ¡Por favor, sácame de este apuro!

Y otro mango apareció en sus manos. Se volvió y se lo ofreció a su marido. Este lo cogió; pero en cuanto lo tocó, la fruta desapareció. Entonces no sólo se quedó estupefacto, sino también asustado, porque se daba cuenta de que su esposa no era una mujer corriente. Y le preguntó:

—¿Eres una diosa?

Pero ella no respondió, porque no sabía qué decir. Así que él llegó a la conclusión de que su mujer era una diosa, que no era una mujer corriente, y le entró miedo de vivir con ella como esposa. Él era un mercader que viajaba en barco de acá para allá surcando los mares. Y en cuanto zarpó en el siguiente barco decidió que nunca más volvería a Karekal. Se dedicó a viajar, ganó mucho dinero y cuando volvió a la India se instaló en Madurai, que está bastante lejos de Karekal. Se casó de nuevo, tuvo una hija y le puso el mismo nombre de su primera esposa, Punyadavati.

Mientras tanto, Punyadavati esperaba que su marido volviera a casa; pero nunca llegaba. Y tras varios años, unos cinco o seis, unos parientes que habían estado en Madurai y lo habían visto le dijeron a Punyadavati:

—Hemos visto a tu marido allí, en Madurai.

Y decidieron enviarla a esa ciudad. Alquilaron un palanquín y la enviaron con otros parientes a Madurai. Se lo comunicaron al marido, y cuando ella llegó este salió corriendo a recibirla acompañado por su segunda esposa y su hija. En cuanto Punyadavati se bajó del palanquín, ¿qué creéis que hizo él? Se acercó a ella y se postró a sus pies tirándose al suelo y se estiró cuan largo era. A ella no le hizo mucha gracia, porque hasta entonces era ella la que se había postrado a los pies de su marido. Se sintió muy molesta, se apartó y dijo:

—¿Qué es todo esto?

Entonces él se lo explicó a los parientes:

–Esta mujer no es una mujer corriente. Es una diosa, y por su gracia me he vuelto a casar y he tenido una hija. En mi casa la adoro como la diosa Punyadavati... – y siguió hablando de este modo.

Ella se sintió tan molesta que le rezó intensamente al Señor Siva:

–Señor Siva, he estado conservando mi belleza para mi marido, y ahora él ya no me quiere. Así que sólo Tú lo serás todo para mí. Llévate mi belleza.

Inmediatamente se volvió escuálida y apergaminada, casi como un fantasma. Dicen que parecía un fantasma. Tenía un aspecto muy extraño, casi como de demonio, y todo el mundo huía de ella. Pero ella se sentía muy feliz, porque este era el comienzo de su completa renuncia. Es algo que sucedió. Era la voluntad de Dios. No fue por su propia voluntad. Entonces se fue caminando hasta el Kailas, el monte Kailas de los Himalayas. Tardó mucho tiempo. Y allí obtuvo el darshan de Siva. Tuvo una visión mística de Siva. Este le preguntó:

–¿Qué te gustaría tener? Te concedo un deseo.

Ella le dijo... Os voy a contar lo que le dijo. Es muy bonito. Pidió cuatro cosas. La primera fue:

–Quiero una *bhakti* continua. Quiero una devoción completa por Ti, permanente, continua. Porque pienso en tantas cosas, mi mente va de una cosa a otra, y querría que sólo fuera hacia Ti. Igual que el río Ganga fluye hacia el mar, del mismo modo mi mente debe fluir hacia Ti, sin interrupción.

–Está bien –dijo Él–. Concedido. ¿Qué más quieres?

Y ella contestó:

–No quiero volver a nacer nunca más. Porque no hay nada en este mundo que yo desee. Sólo quiero estar a Tus Pies. Y si tengo que volver a nacer, si todavía tengo algún *prarabdha karma*,

13

si todavía queda algún karma, entonces déjame ser siempre consciente de que existes. No me dejes dormirme en tu *maya* y olvidarme de que Tú existes, y creer que sólo este mundo es real, que sólo este mundo es valioso. Déjame tener conciencia de Dios aunque vuelva a nacer.

Y por último le rogó poder ver siempre la danza cósmica de Siva. Esto podría significar dos cosas distintas. Quizá hayáis visto la imagen de Siva como Nataraja, como el rey de la danza. Y creo que anoche estuvimos hablando de esto... o quizá no llegáramos tan lejos.

Hay una forma de Siva danzando. Está rodeado de fuego y está bailando, y esto representa la danza del universo. Ya sabéis, todo lo que hay en el universo se está moviendo. No hay nada que se esté quieto. Todos los átomos están en movimiento. Si estuviera inmóvil ya no sería el universo; sería el Brahman absoluto. Así que Shakti, la Naturaleza, la Madre Naturaleza, es una danza continua. Llega a la existencia bailando, y también deja de existir bailando. Cuando las vibraciones se detienen, la creación se acaba. Es lo que llamamos *pralaya*, una disolución del universo. Y después el baile vuelve a comenzar.

Esta es una manera de interpretar qué significaba el que quisiera ver la danza cósmica de Dios. En otras palabras, quería ver el universo entero como la forma de Dios. La otra manera de interpretarlo es que realmente quería ver esa forma de Nataraja, del Señor Siva bailando en el *akasha*, en el espacio. Y el Señor Siva le dijo:

—De acuerdo. Tendrás esa visión. Tendrás todo lo que has pedido.

Y le pidió que volviera a Tamil Nadu y permaneciera en un lugar que está a unos cincuenta o sesenta kilómetros de Madrás, creo que hacia el oeste. Allí hay un templo, un templo de Siva, y ella pasó el resto de su vida allí en meditación y en éxtasis. Esta era Karekalamma, una famosa santa. Escribió unas ciento veinte o ciento treinta canciones que describen todas sus experiencias, su unión mística con Dios y su visión de Él. Forman parte de la literatura shaiva, de la literatura de los nayanmar.

(*Alguien hace una pregunta*)

Vivió hace unos mil años. Nosotros conocemos a la Madre. Está viva actualmente, y es la más reciente de las santas o las sabias. Por supuesto, la mayoría de nosotros la consideramos la propia Parashakti.

Historia de la mujer que le daba de comer al niño Rama

Pero también conocí a otra mujer que parecía una señora corriente. Estaba en Hyderabad. Yo pasaba mucho tiempo en Hyderabad los primeros diez o doce años que estuve en la India. Esta mujer, que era viuda, solía pasar todo el tiempo haciendo puja, estudiando el *Bhagavata*, las escrituras, o haciendo japa. Creo que hacía unos cien mil japas; repetía el nombre de Dios cien mil veces al día. Se levantaba a eso de las tres de la mañana y empezaba, y hasta las nueve o las diez estaba ahí sentada, como una estatua, haciendo japa. Y, como os podéis imaginar, de ese modo hizo grandes progresos, empezó a tener visiones divinas. Y yo la vi en Tiruvannamalai; por algún motivo, nos hicimos grandes amigos. Era una anciana viuda brahmana muy ortodoxa, pero por alguna razón se mostraba muy cariñosa conmigo. Me consideraba como su propio hijo. Venía y cocinaba para mí, y no sé por qué era así, simplemente la relación con ella era muy agradable. En aquella época sabía hablar su lengua, el telugu. Ahora la he olvidado completamente. Yo hablaba muy sencillamente, y ella también hablaba muy sencillamente, y me contaba sus experiencias. A veces hablas con gente, gente supuestamente espiritual, y empiezan a contarte sus experiencias y... son bastante increíbles. Sientes que hay algo raro, que te están intentando impresionar o algo parecido.

Mucha gente habla así. Pero si hablas con una persona auténtica, inocente, no sientes eso en absoluto. Puedes sentir que son como niños. Las personas verdaderamente espirituales son como niños.

Esta mujer era exactamente igual que una niña, y después de conocernos durante algún tiempo empezó a contarme lo que le pasaba. Y dijo que estaba muy preocupada porque era devota de Ramana Maharshi, y le gustaba hacer *atma vichara*, autoindagación; pero cada vez que cerraba los ojos para intentar concentrarse en el pensamiento del yo, para intentar ver el Atman, venía este niñito, el pequeño Rama, de unos tres años de edad y color gris azulado. Venía y se subía de un salto en su regazo, y empezaba a tirarle de la ropa diciendo:

—¡Quiero *payasam!* —budín dulce— ¡Quiero *vadai*! —golosinas fritas— ¡Quiero *dosa*! —una especie de tortita ligera frita— ¡Quiero algo de comer!

Ella podía verlo realmente, notaba cómo le tiraba así de la ropa, le oía llorar, y en cuanto abría los ojos, desaparecía. Y en cuanto volvía a cerrar los ojos, volvía a verlo y a sentir los tirones, y a oírlo llorar, y estaba muy molesta. ¡Muy molesta! Si eso nos pasara a nosotros no nos sentiríamos en absoluto molestos. Estaríamos muy felices. Al menos algo estaría pasando, ¿no? (*risas*) Pero esa es la diferencia entre nosotros y ella, porque ella no estaba dispuesta a detenerse en nada que no fuera el conocimiento del Yo, *atma jñana*. Ni siquiera quería la visión de Rama o de Krishna o de cualquier otro. Sin embargo lo estaba obteniendo, al pequeño Balarama, el Rama bebé. Así que se levantaba y se iba a la cocina. Normalmente no tendría que cocinar a esa hora. Era demasiado temprano por la mañana. Tenía que cocinar porque si no cocinaba y preparaba la comida, el payasam, Rama no la dejaría en paz. Hay muchos ejemplos de esto, hay otros santos que han tenido esta misma experiencia. Una de las discípulas de Ramakrishna

Paramahamsa tenía el mismo "problema", por llamarlo así. En realidad no es ningún problema.

Así que preparaba el *payasam* y hacía los *vadai*. No los quería para sí misma. Al fin y al cabo era una simple sadhak espiritual. Tenía que cocinar todos estos platos exquisitos para él, que no estaba dispuesto a aceptar nada menos sabroso. Y después tenía que darle de comer con los ojos cerrados, porque sólo podía verlo cuando tenía cerrados los ojos. Y ni siquiera podía descansar, porque si cerraba los ojos para reposar él también llegaba allí, se tumbaba a su lado, empezaba a abrazarla queriendo jugar, escuchar cuentos... Ella estaba muy molesta y me lo contaba todo. Me decía:

–¿Cuál va a ser mi destino? Quería conocer el Yo, ¿y tengo que estar jugando con Dios todo el tiempo? Me tiene siempre cocinando. Todas las mañanas a las cuatro tengo que cocinar así. ¿Qué voy a hacer?

¿Y qué le podía decir yo? Eso era aún más difícil, porque yo no tenía ni idea. Yo no estaba viendo a Rama, a Krishna o a ningún otro. Así que le decía:

–Entrégate a la voluntad de Dios.

¿Qué otra cosa podía decirle?

Por fin un día vino y me dijo:

–¿Sabes? Anoche me ha pasado una cosa muy bonita. Estaba meditando y Rama volvió a venir. Y yo estaba un poco... no sé, me estaba sintiendo frustrada, ya no sabía qué hacer. Así que empecé a rezarle a mi guru. Y mi guru apareció allí. Tenía un gran puchero.

Era un puchero enorme, así de grande. Debéis de haber visto los pucheros que hay en la India, en los que cocinan para las fiestas. Para limpiar el puchero hay que meterse dentro y ponerse de pie en él, por lo grandes que son. De modo que había un puchero así de grande

–Tenía un gran palo y estaba revolviendo lo que había dentro; no sé lo que era. Yo lo miraba, perpleja. "Qué cosa más rara está haciendo Guruji. Me pregunto qué estará haciendo." Entonces me dijo que me acercara. Miré dentro del puchero. "Esto es pak de Mysore", dijo. Ya sabéis lo que es el pak de Mysore, una clase de dulce. "Es pak de Mysore, pero todavía no está listo."

Entonces ella entendió lo que quería decirle: que todavía no estaba madura para la búsqueda del Yo. El dulce era la mente dulce, la mente evolucionada, la mente espiritual. La está revolviendo, pero todavía no está lista, no está completamente hecha. Si no hubiera estado cocinándose no habría visto a Rama, Krishna o ningún otro; pero como estaba hirviendo y cocinándose estaba consiguiendo esa visión, aunque todavía no estaba totalmente cocinada. Y me dijo que después de esta visión se acabaron las visiones del bebé Rama, y su mente se volvió casi inmóvil, como un mar en calma, y se sentaba horas y horas sumergida en sí misma, en el Atman.

Sólo era una mujer corriente. Nadie conocía sus experiencias; probablemente yo fuera la única persona que las conocía. Y nunca se lo había contado a nadie. De hecho, vosotros sois las primeras personas a las que se lo he contado. Estoy seguro de que ella nunca se lo contó a nadie, porque no tenía amigos. No le interesaba tener amigos. Sólo le importaba la práctica espiritual.

Debe de haber muchas personas así, muchos santos.

La mujer que le curó la oreja al chico suizo

Había otra mujer. Un día estábamos sentados con la Madre enfrente del ashram, y había un chico, un chico suizo que llevaba varios años viviendo allí. Meditaba mucho, y por eso su cuerpo se calentaba demasiado. El calor hizo que empezara a tener una infección en el oído; algo iba mal en su oído. Él también estaba sentado ahí afuera, a cierta distancia de la Madre y de nosotros, y una mendiga llegó caminando. No es nada raro en la costa donde vive la Madre. A veces los mendigos cruzan el río y piden comida en la aldea.

Esta mujer vino directamente de la costa al ashram. Tenía una ropa muy sucia, que casi se caía a pedazos, toda rota; debía de tener años y años, y ella debía de tener setenta y tantos años, estaba encorvada y llevaba una latita para mendigar. Se acercó a este chico, el chico suizo, que no sabía qué era lo que iba a pasar. Se inclinó hacia él, como si fuera a decirle algo, hacia el oído en que tenía la infección, y le sopló en él: "ffffu, ffffu", así. Sin esperar que nadie le diera nada, se levantó, le sonrió y se fue, como si sólo hubiera venido para eso, para hacer eso. La Madre estaba viéndolo todo. Se volvió hacia nosotros y dijo:

—¿Habéis visto eso?

Lo habíamos visto, pero no sabíamos qué era lo que estaba pasando. Entonces añadió:

—¿Sabéis quién es ésa?

—No —contestamos.

—Nunca había venido antes aquí— dijo la Madre.

—Entonces, Madre, ¿cómo sabes quién es?

Siempre le hacemos estas estúpidas preguntas a la Madre. Este "¿cómo lo sabes?" No sé cuánta gente le pregunta a la Madre "¿cómo lo sabes?" Entonces inmediatamente caen en la cuenta de lo tontos que son al preguntarle cómo lo sabe. Lo sabe porque su conocimiento nace de la intuición, no de la experiencia o la inferencia o el intelecto o cualquier cosa parecida. Así que de todos modos le preguntamos a la Madre cómo lo sabía. Y contestó:

—Era una avadhuta. Era una *mahatma*. Va de un lado a otro como una mendiga. Es la primera vez que ha venido aquí. Sabía que él tenía el oído infectado y esa es la única razón por la que ha venido. No vino a que le dieran comida. ¿No habéis visto cómo le sopló en el oído y se fue?

Dijo que había muchas, muchas personas como ella. De hecho dijo que probablemente hubiera una en cada aldea, pero no la conocemos. Un *mahatma* que parece una persona corriente y no lo es.

"Tenía más de ciento cincuenta años"

Así que las apariencias son muy engañosas. Muchos habréis oído hablar de Mayamma, que vivió en Tamil Nadu hasta hace poco. Creo que falleció hace uno o dos años. La Madre pasó algún tiempo con ella. Solíamos ir a visitarla una vez cada dos o tres años. También era así, una *avadhuta*. Parecía una mendiga. Solía pasearse con un saco, y con ese saco entraba en los hoteles y cogía la comida de los platos de la gente, la echaba en el saco y salía corriendo del hotel. De hecho, cuando fuimos a visitarla no teníamos dónde comer, así que fuimos a un hotel. Éramos unos veinte, y Gayatri estaba sentada allí. Se levantó para ir al servicio y Mayamma entró corriendo en el hotel, cogió todo lo que había en el plato de Gayatri y salió.

¿Sabéis lo que hizo con la comida? No se la comió ella. Había unos veinticinco perros que la seguían a todas partes. Dormía encima de los perros, se tumbaba sobre ellos, jugaba con ellos y les daba de comer de esta manera. Así era como alimentaba a los perros, cogiendo la comida de los hoteles. Y ningún hotelero se lo impedía, por el tremendo poder espiritual que tenía. Nadie sabe la edad que tenía. Debía de tener... la Madre dice que tenía más de ciento cincuenta años. Si tocaba a alguien que estuviera enfermo, se curaba. Nadaba en el mar. No usaba ropa. Iba completamente desnuda: era una *digambari avadhuta*. Algunas personas la vestían, pero a ella no le gustaba. Sólo le gustaba estar desnuda. Y paseaba por la ciudad así. Nadie la molestaba. Ella recogía toda la basura de la ciudad, la llevaba junto al mar, encendía una hoguera y se sentaba delante mirándola durante algunas horas. Nadie sabía qué estaba haciendo. La Madre dice que era una gran *mahatma*. Ahora ha dejado el cuerpo.

Así que hay muchas mujeres como esa. Quería hablaros de una de las más grandes. Tampoco hoy me ha dado tiempo. Creo que vamos a tener que esperar hasta la semana que viene o se va a hacer demasiado tarde hasta para los *bhajans*. Pero la semana pasada ya os dije de quién íbamos a hablar esta semana, y de la que en realidad vamos a hablar la semana que viene: Andal. Fue una de las más grandes. Ha habido grandes personas y, podríamos decir, las ha habido más grandes todavía. Todas han experimentado a Dios; pero Andal... su destino fue muy, muy excepcional; pero no os voy a decir por qué ahora. Lo podréis oír la semana que viene.

Namah Sivaya.

Satsang en el M. A. Center, 1994
Cinta 1 – Cara A

Historias de Santos – 2

La semana pasada estuvimos hablando de cómo las apariencias a veces son engañosas, especialmente en el caso de las personas espirituales. Y dimos algunos ejemplos de santas que parecían personas de lo más corriente y resultaron no ser tan corrientes. Hoy quiero seguir donde lo dejamos la semana pasada.

Historia de Tulasidas, que quería el darshan de Ram

Muchos habéis oído hablar de Tulasidas. Ha escrito un gran libro, el *Tulasi Ramayana* o *Ramacharitamanasa*, que es una versión devocional del Ramayana escrito por Valmiki. Tulasidas era un gran devoto del Señor Rama y pasó muchos años intentando conseguir la visión de Rama; pero, a pesar de todos sus esfuerzos, no podía obtener la visión divina. Así que un día volvía del río Ganges... todos los días iba al Ganges a coger agua para después poder limpiarse cuando fuera al retrete. Cuando caminaba de vuelta solía tirar el agua sobrante al pie de un árbol. Un día, al alejarse del árbol después de echarle el agua, oyó una voz que le decía:

–Te concedo un deseo.

No entendía de dónde venía esta voz. Se acercó al árbol y la voz volvió a decir:

–Te concedo un deseo. ¿Qué es lo que quieres?

—¿Quién está hablando? – preguntó Tulasidas. Y la voz respondió:

—Soy un fantasma que ha poseído este árbol, que vive en este árbol. He pasado mucha sed, y te estoy agradecido porque me has estado dando agua todos los días. Así que estoy dispuesto a hacer lo que pueda por ti. Te concedo un deseo.

—Quiero el darshan de Rama – dijo Tulasidas. El fantasma respondió:

—No puedo hacer eso por ti, pero conozco a alguien que sí que puede. Es Hanuman.

—Yo también lo sé —dijo Tulasidas—, que por la gracia de Hanuman puedo ver a Rama; pero, ¿dónde está Hanuman?

—¿Sabes? —dijo el fantasma—, todas las tardes das un discurso sobre el Ramayana, y la última persona que se va cuando el discurso ha terminado es un leproso que está al fondo de la habitación: ese es Hanuman. Va para disfrutar de la historia de Rama, y va disfrazado de ese modo. Puedes acercarte a él y pedirle el darshan de Rama.

Así que Tulasidas estaba esperando esa noche después de acabar la charla; todo el mundo se levantó y se fue, y la última persona en levantarse fue la que estaba al fondo de la sala, el leproso. Se acercó a este y cayó a sus pies, los agarró y empezó a llorar:

—¡Oh Hanumanji, Hanumanji, por favor, bendíceme con tu gracia!

El leproso estaba simplemente allí de pie, y por fin Tulasidas se levantó y el leproso dijo:

—Yo no soy nadie. ¿Por qué me haces esto?

Y Tulasidas dijo:

—No, sé que eres Hanumanji.

Siguió insistiendo y finalmente Hanumanji dijo:

—De acuerdo, ¿qué es lo que quieres?

—Quiero el darshan de Rama – respondió.

—Muy bien —dijo el leproso—. Ve a Chitrakut... —que es la montaña en la que Rama y Sita vivieron durante muchos años, que no estaba muy lejos de donde se encontraba Tulasidas. Estaba en Benarés. Chitrakut se encuentra a cierta distancia, pero no imposible de cubrir caminando— Ve a Chitrakut, rinde culto a Rama allí y por mi gracia obtendrás su darshan.

Tulasidas fue allí, siguió el consejo y, por supuesto, consiguió el darshan de Rama; pero de una forma muy rara. Tuvo dos darshans de Rama. El primer darshan fue así: estaba sentado haciendo la puja de Ram y un cerdo llegó corriendo, lo tiró todo y se fue. Era un jabalí. Tulasidas se sintió muy molesto: la puja se había estropeado, todo estaba sucio y olía mal... Hanuman llegó, y le preguntó:

—¿Qué, has visto a Ram?

—No, no lo he visto. ¿Dónde está? Llevo aquí todos estos días haciendo puja y todavía no lo he visto. ¡Me lo has prometido!

—Ese era Rama, el que acaba de pasar caminando... corriendo, por tu puja.

—Pero si adopta esa forma —dijo Tulasidas —, ¿cómo voy a reconocerlo?

—De acuerdo —replicó Hanuman—. Volverás a obtener el darshan de Rama.

Otro día estaba haciendo la puja y muchas personas acudían a recibir el *prasad*. Llegaron dos chicos jóvenes, uno de piel clara y otro oscura. Tulasidas estaba dándoles el prasad a todos y puso el *chandanam*, la pasta de sándalo, en la frente de los dos muchachos; y en el momento en que los tocó se dio cuenta de que eran Rama y Lakshmana, entró en éxtasis y perdió el sentido. Durante dos o tres días permaneció allí tumbado, dichoso de haber visto a Rama.

De modo que cualquiera puede ser un Hanuman. Esa es la idea. Cualquiera puede ser cualquier cosa. No podemos saber quién es quién, porque los *mahatmas* son Dios y no llevan un cartel que diga "yo soy tal y cual". Sólo debemos tener la conciencia o la fe de que cualquiera puede ser un alma divina. En último término todos somos divinos; pero los que son conscientes de ello, esas personas pueden adoptar cualquier forma.

Unniappam Swami, que vio a Parashakti en el seno de Damayanti Amma

Ahora recuerdo que en vida de la Madre, antes de que ella naciera, había dos personas que eran así. Había uno que vivía en la zona de la costa. Se llamaba Unniappam Swami. Era un personaje muy extraño. Nadie entendía lo que era. La mayoría de la gente creía que era un mendigo. Pero tenía una cualidad infrecuente que lo convertía en cualquier cosa menos un mendigo. Tenía el cabello enmarañado atado en la cabeza, lo que en sí mismo no es nada raro: hay muchos sadhus que lo hacen. Pero este Unniappam, cuando caminaba a la orilla del mar y los niños pequeños venían a jugar y a burlarse de él —ya sabéis cómo son los niños pequeños—, se metía las manos en el pelo y sacaba de él un *unniappam* caliente, preparado, cocinado. El unniappam es una clase de dulce que se hace en Kerala. De hecho creo que una noche aquí tomamos unniappam. Los comimos cocinados al modo convencional (*risas*). Pero él solía hacerlos a su manera. Simplemente se sacaba del pelo unos buenos unniappams calientes y humeantes y se los daba a todos los niños. Por eso le llamaban "Unniappam Swami."

Pues bien, he oído que esta persona, un día, estaba caminando por la orilla del mar y llegó a la aldea en que nació la Madre. Esto era justo antes de que Ella naciera. En esa época la madre de la Madre, Damayanti Amma, estaba embarazada de nuestra Madre. Y vivían junto al camino, justo al lado del camino que recorre la aldea a lo largo de la costa. No vivían donde el ashram está ahora. Vivían a orillas del mar. Ahora toda esa zona ya no existe; el mar se la ha llevado. Eso fue antes de que hubiera un muro de piedra. Damayanti Amma estaba de pie frente a la casa y Unniappam Swami llegó caminando. Se acercó a Damayanti Amma y le dió un poco de ceniza. Ya sabéis, la ceniza sagrada, vibhuti, bhasma. Y le dijo:

—Parashakti está en tu vientre y va a nacer como hija tuya.

Y se fue. Ya sabemos que la Madre nació de ella, y todas las cosas milagrosas que sucedieron incluso cuando la Madre era niña. Ahora, por supuesto, hay miles, quizá millones de personas que tienen la experiencia y tienen la creencia de que eso es lo que la Madre es en realidad: Parashakti. Pero si hubierais visto a Unniappam Swami no habríais imaginado en absoluto que hubiera podido saber algo así.

Hay un ashram bajo el ashram actual

También hubo otra persona, y la persona que tuvo esta experiencia fue el padre de Ammachi. Le llamamos "Acchan", Sugunanandacchan. Estaba jugando en el patio delantero... esto fue cuando era joven, y fue en la otra propiedad, es decir, donde el ashram está ahora, no al lado del mar. Tenían estas dos propiedades. Estaba jugando con un amigo suyo, trepando un árbol de anacardo. Llegó un sannyasi o sadhu, se quedó parado en ese terreno y se echó a reír, y se reía y se reía, quizá lo hayáis leído en la historia de la vida de la Madre. Se estaba riendo, y Acchan le preguntó:

—¿Por qué te ríes? ¿Te estás burlando de nosotros?

—No —respondió—. Me río de lo feliz que me encuentro aquí. Este es un lugar santo, y bajo esta tierra hay muchas tumbas de santos. Aquí hay muchos sannyasis enterrados. Hace mucho aquí debió de haber un ashram.

Y se fue del lugar. Y la Madre dice que así es, que bajo el ashram actual se hallaba el ashram que había tenido en su

existencia anterior. Esta es una de las razones por las que sentimos tanta paz y felicidad en el ashram. Por supuesto, sobre todo
es porque la Madre lleva toda su vida viviendo allí, y que tantos
sadhaks han hecho mucha sadhana allí; pero otra razón es que esto
se ha estado acumulando desde incluso antes, mucho tiempo atrás.

No hay que pensar que sólo los viejos pueden ser *mahatmas*, santos o *avadhutas*. También los jóvenes pueden serlo.
Por ejemplo, la Madre. Lleva manifestando los *bhava* darshans
desde que era una jovencita y, aunque no todos lo entendían, la
mayoría de la gente acabó aceptando que la Madre era una gran
alma. Habréis leído en la *Kathopanishad* –que es mi upanishad
favorita– la historia de Nachiketas. Es la historia clásica de una
persona joven que era un gran santo. Para los que no conocéis la
historia de Nachiketas, me gustaría hablar de ella y leer un poco
de la Kathopanishad.

La historia de Nachiketas y el Señor de la Muerte

Nachiketas sería un jovencito en aquella época, y su padre
estaba celebrando una gran *puja*. Y, ¿sabéis?, en la India, cuando
haces una gran puja, parte de la puja consiste en hacer ofrendas,
por lo general a los sacerdotes o a los brahmanes. El padre de
Nachiketas no tenía mucho dinero, así que consiguió unas vacas
para ofrendarlas, unas vacas que estaban completamente consu-
midas: no tenían leche, no tenían terneros. ¿Qué se puede hacer
con una vaca vieja y agotada? Y le daba todas estas vacas viejas
a alguien como si fuera una gran donación, una gran ofrenda.
Nachiketas tenía mucha fe en los Vedas. Había estudiado las
escrituras, y no podía quedarse callado. No era por arrogancia;
simplemente creía que tenía que decirle algo a su padre porque
lo que estaba haciendo no estaba bien. Sabía que si le das algo
malo a alguien obtienes un mal fruto, y si le das algo bueno, un
fruto bueno.

Así que, para proteger a su padre, le dijo:

—Padre, esto no está bien. Quizá podrías darme a mí como ofrenda.

Su padre no contestó nada, así que Nachiketas se lo repitió tres o cuatro veces. Por fin, su padre se enfadó con él y le dijo:

—Te doy como ofrenda a la Muerte —¡tan enfadado estaba!—. Te doy a Yama, a la Muerte.

—De acuerdo —dijo Nachiketas, que abandonó el lugar y se fue a la morada de la muerte, el Yamaloka. Llegó al Yamaloka y Yama no estaba. No estaba en su casa, en su palacio. Y Nachiketas se quedó sentado en la puerta tres días y tres noches, y después de tres días y tres noches ahí sentado, por fin llegó Yama y se sorprendió de encontrarlo allí.

—¡Oh, este pobre chico lleva tres días aquí sentado!

Inmediatamente lo invitó a entrar y le dijo:

—Escucha, quiero hacer algo por ti, porque llevas tres días y tres noches sufriendo, sentado a la puerta, sin comer, sin beber, sin nada. Eres mi invitado, así que te concedo tres deseos.

¿Cuáles fueron los deseos? Nachiketas respondió:

—De acuerdo. Mi primer deseo es que, cuando vuelva, mi padre ya no esté enfadado conmigo.

—Bien —contestó Yama—. Sea. ¿Cuál es tu segundo deseo?

—He oído que en el cielo no hay sufrimiento —dijo—, no hay tristeza, ni siquiera hay muerte igual que en la tierra. Así que quiero saber cómo ir al cielo, cuál es el modo de llegar al cielo.

Yama le respondió:

—Hay una puja especial que tienes que hacer. Si haces esa puja irás al cielo después de dejar el cuerpo.

Le enseñó esa puja, que era una ceremonia del fuego, y añadió:

—En tu honor, voy a llamarla la ceremonia del fuego de Nachiketas. ¿Cuál es tu tercer deseo?

Aquí es donde vamos a empezar a leer, cuando Yama preguntó: "¿Cuál es tu tercer deseo?"
Nachiketas dijo:

"Cuando una persona muere surge esta duda: ¿Sigue existiendo? Algunos dicen que ya no existe. Quiero que me enseñes la verdad. Este es mi tercer deseo."

Lo que está diciendo es que, según algunos, cuando mueres se acaba todo. Es lo que dicen los materialistas. Y otros dicen que sigues existiendo después de la muerte. Tú eres el dios de la muerte. Tú eres Yama. Tienes que saberlo mejor que nadie. Quiero saber lo que pasa después de la muerte. ¿Voy a existir o no? Y Yama le respondió:

"Esta duda ha acosado hasta a los dioses, porque es difícil conocer el secreto de la muerte. Nachiketas, pídeme otro deseo y libérame de mi promesa. No me pidas eso, por favor."

Nachiketas dijo:

"Esta duda acosaba hasta a los dioses antiguos porque es difícil de resolver, oh Muerte, como tú dices; no puedo encontrar mejor maestro que tú, y no hay deseo que iguale a éste. Así que no quiero ninguna otra cosa: quiero saber qué pasa tras la muerte."

Era muy inteligente. No, no inteligente. Era... bueno, vais a ver lo que era. Yama dijo:

"Pídeme hijos y nietos que vivan cien años. Pídeme rebaños de vacas, elefantes, caballos, oro, tierras. Pídeme vivir tanto como quieras. O, si se te ocurre algo más deseable, pídemelo, junto con riqueza y larga vida también, Nachiketas. Sé el

rey de un gran reino, y te daré la máxima capacidad de disfrutar de los placeres de la vida."

¿Qué está haciendo? Lo está sobornando, ¿verdad? Bueno, no empleemos esa palabra. Lo está tentando (*risas*). Pero sí, podríamos decir que es algo así como un soborno. Pero Nachiketas respondió:

"Esos placeres sólo duran hasta mañana, y gastan la fuerza vital de la existencia. ¡Qué pasajera es toda la vida en la tierra! Quédate con tus caballos y tus carrozas, tus bailes y tu música. Los mortales nunca pueden ser felices sólo con la riqueza. ¿Cómo podemos desear riquezas cuando vemos tu rostro y sabemos que mientras tú estés aquí nosotros no podremos vivir? Este es el deseo que elijo y que te pido. Después de conocer a un inmortal como tú, ¿cómo podría yo, sometido a la vejez y la enfermedad, intentar nunca disfrutar de una larga vida dedicada a los fugaces placeres de los sentidos? Resuelve mi duda, oh Muerte: ¿Vive la persona después de la muerte o no? El único deseo que tiene Nachiketas es conocer el secreto de este gran misterio."

¿Qué es entonces Nachiketas? Es un aspirante espiritual de primera clase. ¿Por qué? Porque no quiere ninguna otra cosa. Quiere saber lo que pasa después de la muerte. En otras palabras: ¿Existe el alma? ¿Soy el alma o soy el cuerpo que indudablemente va a morir? Ninguna otra cosa puede tentarlo. Yama dijo:

"El gozo del Yo, del Atman, dura para siempre, no como lo que parece agradable a los sentidos. Estos dos, de finalidades distintas, impulsan al ser humano a la acción. Todo va bien para los que eligen el gozo del Atman; pero los que prefieren lo agradable no han comprendido la meta de la vida."

Está diciendo que en todo momento tenemos esta alternativa ante nosotros: elegir los placeres de la vida –lo que es muy natural, todo el mundo lo quiere– o intentar alcanzar la dicha del Yo, que es muy difícil pero que dura para siempre. Y los placeres de los sentidos vienen y van: comes algo sabroso, es agradable, se acaba. Entonces tienes que volver a comer otra cosa. No puedes hacerlo inmediatamente, porque los sentidos tienen que recuperarse. Comes otra vez, y de nuevo se acaba. Es fugaz. Sólo dura un momento. Todas las cosas sensibles son así: vienen y van. Nos gustaría poder disfrutar sin parar, continuamente, día y noche; pero está en la naturaleza de los sentidos el ser efímeros, sólo pueden dar un placer temporal y después se gastan, se cansan y vuelven a recuperarse. Y este proceso no tiene fin. Es como un pozo sin fondo: nunca podemos llenarlo. Pero los sabios dicen que si se alcanza la dicha del Yo, del Atman, ésta se queda permanentemente, ya que es la dicha esencial.

Yama está diciendo que siempre existe esta alternativa entre lo agradable y lo bueno. Es lo que se llama *preyas* y *sreyas* en sánscrito.

"Gozo perenne o placer pasajero: esta es la elección que hay que hacer siempre. Los sabios conocen ambos, pero no los ignorantes. Los primeros dan la bienvenida a lo que lleva al gozo perdurable, aunque al principio sea doloroso. Los segundos corren, impulsados por los sentidos, tras lo que parece prometer un placer inmediato."

Siempre se nos presenta esta alternativa. No sólo de vez en cuando; en todos los momentos de nuestra vida tenemos que elegir entre perseguir el placer y perseguir lo bueno. Y lo que es bueno suele ser muy doloroso al principio, pero al final proporciona una gran dicha. Y lo que es agradable es muy fácil de conseguir, pero al final nos hace sufrir.

"Has hecho bien renunciando a estos placeres pasajeros, tan queridos para los sentidos, Nachiketas, y dando la espalda a los caminos del mundo, que hacen olvidar a la humanidad la meta de la vida. La sabiduría y la ignorancia son muy distintas. La primera lleva al descubrimiento del Yo; la segunda nos aleja más y más de nuestro Verdadero Yo. Nachiketas, te considero digno de ser instruido, porque los placeres pasajeros no te tientan en absoluto."

Eres un buen *sadhak*, así que voy a enseñarte. No tiene sentido enseñar la ciencia del descubrimiento del Yo a una persona que sea un completo sensualista, porque no le interesará en absoluto. Hay que tener al menos un uno por ciento de interés en algo más que eso hasta para escuchar una charla espiritual o leer las escrituras. Por supuesto, él tiene mucho más de un uno por ciento de interés.

"Pocos oyen hablar del Atma. Menos aún dedican su vida a Su descubrimiento. El que habla sobre Él es maravilloso. Son pocos los que Lo convierten en la meta suprema de su vida. Este despertar que has experimentado no viene de la lógica y la erudición, sino de la estrecha relación con un maestro realizado. Eres sabio, Nachiketas, porque buscas el Yo eterno. ¡Ojalá hubiera más buscadores como tú!"

Entonces, ¿cómo obtenemos ese conocimiento? Principalmente por la relación con un alma que ha descubierto su Yo.

"Conoce al Yo como el Señor de la carroza."

Ahora le está instruyendo. Le había alabado por ser un sadhak apto. ¿Qué es, pues, el Yo?

"Conoce al Yo como el Señor de la carroza. El cuerpo es la carroza, el intelecto el auriga y la mente las riendas. Los

sentidos son los caballos; los deseos egoístas, las carreteras que recorren."

Así que nosotros somos el auriga, el cuerpo es la carroza, nuestra mente e intelecto son los que empuñan las riendas. ¿Y a qué están unidas las riendas? A los sentidos. ¿Y adónde van los sentidos? ¿Adónde van los sentidos? *(Alguien responde: "A la carroza")* Ya están en la carroza. ¿Adónde van? Si la carretera son los objetos de los sentidos, es ahí donde van. Van por las carreteras, por los sentidos. Las carreteras son los objetos de los sentidos. Igual que el sentido de la vista ve los objetos, la nariz huele buenos olores, las orejas oyen música agradable... son como carreteras. Y cada sentido es como un caballo. La mente está empuñando las riendas y decidiendo en qué dirección tiene que ir cada uno. Ese es el significado.

"Cuando alguien carece de discernimiento y su mente es indisciplinada, los sentidos corren de acá para allá como caballos salvajes."

Cuando no se tiene ningún control o discernimiento, los sentidos van simplemente en la dirección que desean. Quizá lo hayáis experimentado. A veces pasas por la cocina, hay algo sabroso para comer, está ahí, en la mesa, y al final te lo comes. Estabas yendo a otro lugar y los ojos se dirigieron a la comida, la nariz se dirigió a ella, poco después la lengua va a dirigirse a ella. ¿A qué se debe esto? Las riendas están flojas, no hay discernimiento. Vamos detrás de los sentidos. Lo hacemos continuamente. Los ojos, los oídos... todo es así. La mente es arrastrada en cualquier dirección en la que sean dirigidos los sentidos.

"Cuando se tiene discernimiento y se hace que la mente se concentre en un punto, esta se vuelve pura y puede alcanzar

el estado de inmortalidad. Los que no llegan a ese estado vagan de muerte en muerte; pero los que poseen discernimiento, una mente silenciosa y un corazón puro llegan al final del viaje y nunca vuelven a caer en las fauces de la muerte. Teniendo como auriga un intelecto discernidor y por riendas una mente entrenada, alcanzan la meta suprema de la vida: la unión con el Señor del Amor."

Así que cuando tenemos las riendas en nuestras manos, cuando los sentidos actúan como nosotros queremos en lugar de actuar nosotros como quieren ellos, la mente se calma, porque lo único que realmente agita la mente son los sentidos errabundos. Si los sentidos están controlados, la mente también se calma. Y entonces, en esa mente calmada veremos reflejado en nosotros al Señor del Amor, el Paramatman. Y ese es el estado de inmortalidad, que se produce cuando descubrimos a Dios.

"¡Levántate! ¡Despierta!"

Vosotros no (*risas*). Está hablando con Nachiketas. No es que Nachiketas estuviera dormido. Le está diciendo:

"Busca la guía de un maestro iluminado y descubre el Yo."

Ahora viene una frase famosa. Quizá la hayáis oído, y de aquí es de donde procede:

"Afilado como el filo de una navaja, dicen los sabios, es el camino, difícil de recorrer."

La vida espiritual –el camino espiritual– es tan afilada como el filo de una navaja. Es decir, muy afilada.

"El Yo Supremo está más allá del nombre y la forma, más allá de los sentidos; es inagotable, sin comienzo, sin fin. El Señor que existe por Sí mismo perforó los sentidos para que se volvieran hacia fuera. Por eso miramos el mundo exterior y no vemos el Atman dentro de nosotros."

El Señor hizo que nuestros sentidos funcionasen así. Nuestra mente va hacia afuera, fluye por los sentidos, y por eso nos perdemos lo que está dentro, que es el Atman, el tesoro.

"Un sabio apartó los sentidos del mundo, del mundo del cambio, y, buscando la inmortalidad, miró hacia adentro y contempló el Yo inmortal, el Atman."

Es decir, una persona espiritual, un aspirante, un sabio o un santo, con el deseo de escapar de la muerte —no de la muerte del cuerpo sino del sentimiento de que uno muere cuando el cuerpo muere—, una persona inspirada por ese deseo, miró hacia adentro. Detuvo los sentidos y buscó el Yo en el interior, y entonces obtuvo la visión del Atman y alcanzó la inmortalidad. Nachiketas preguntó:

—Entonces, ¿cómo se puede conseguir ese estado?

Yama respondió:

"El Atman es informe y no podemos verlo con estos dos ojos; pero se revela en el corazón que se ha purificado por la meditación y el control de los sentidos. Descubriéndolo, uno se libera para siempre del ciclo del nacimiento y la muerte. Cuando se aquietan los cinco sentidos, cuando se aquieta la mente, cuando se aquieta el intelecto, a eso lo llaman los sabios el estado supremo. Dicen que el yoga es esta completa quietud por la que se entra en el estado de unidad para nunca volver a separarse. Si no se está instalado en este

estado, el sentido de unidad va y viene. El estado de unidad no puede alcanzarse mediante palabras o pensamientos, o con los ojos. ¿Cómo puede lograrlo alguien que no esté instalado él mismo en ese estado? Hay dos yoes: el ego separado y el Atman indivisible. Al elevarse por encima del "yo", el "mí" y "lo mío", se revela el Atman como el verdadero Yo. Cuando se renuncia a todos los deseos que invaden el corazón, el mortal se convierte en inmortal. Cuando se aflojan todos los nudos que estrangulan el corazón, el mortal se convierte en inmortal. Esto es la suma de la enseñanza de las upanishads. El Señor del Amor, que no es mayor que un pulgar, está siempre encerrado en el corazón de todos. Sácalo limpiamente de la envoltura física como se separa el tallo de la hierba. Has de saber que eres puro e inmortal; has de saber que eres puro e inmortal."

"Nachiketas aprendió del Rey de la Muerte toda la disciplina de la meditación y se liberó de todo sentido de separación. Obtuvo la inmortalidad en Brahman, el Ser Supremo. Bendito es, pues, todo el que conoce el Yo."

En consecuencia, lo que Yama le enseña aquí está muy claro: aquieta la mente con la práctica espiritual. Entonces se puede lograr la visión de Dios o la visión del Yo, y ese mismo es el estado más elevado. Entonces la individualidad se hunde en el océano de dicha. Ese es el estado de inmortalidad.

Nachiketas es un ejemplo de un joven de los tiempos antiguos que logró ese descubrimiento, y os he estado prometiendo que os iba a contar la historia de Andal, porque también ella fue una santa muy joven, exactamente igual que la Madre, en muchos aspectos idéntica a ella.

La historia de Andal y Bhagavan Sri Vishnu

Había un *mahatma*... esto fue hace unos mil doscientos años en Tamil Nadu, cerca de Madurai. Muchos habréis oído hablar de Madurai. Había un grupo de santos. No todos vivieron a la vez, pero se les llamaba "los Alwars", que significa "los que están sumergidos en la conciencia de Dios". Uno de ellos se llamaba "Periyalwar", que significa "el alwar más anciano", o "el alwar más grande", porque tenía una relación peculiar con Dios. Su actitud era que su aspecto de Dios, su *ishta devata*, era Krishna; pero él amaba a Krishna como un padre a su hijo. Por eso, adoraba al Krishna bebé, Bala Krishna, y de ese modo obtuvo la visión de Dios. Así que la gente lo llamaba "Periyalwar", porque era como el padre de Dios.

Y Periyalwar era una persona muy conocida en aquella época por su santidad. Hasta los reyes lo conocían y lo respetaban. Y tenía una sadhana muy bonita. Lo que hacía era cultivar jardines de flores, plantaba jardines de flores y jardines de tulasi. La tulasi es la planta de albahaca, que le gusta mucho a Vishnu, le gusta a Krishna. Y hacía una guirnalda, una gran guirnalda, cada día con todas estas flores, y después iba por la tarde y se la ofrecía a Vishnu, al Señor Vishnu, en el templo.

Un día estaba fuera, en el jardín, quitando malas hierbas y removiendo la tierra de las plantas de tulasi, y encontró algo extraño: una bebé, una niña pequeña. Estaba echada allí, entre las plantas de tulasi. Y Periyalwar pensó: "¿qué es esto?" Miró a su alrededor y no había nadie, los padres de la niña no estaban, no había nada. Pensó: "Debe de ser un regalo que Dios me hace." Así que cogió a la niñita y empezó a criarla. La llamó "Goda." "Goda" significa "nacida de la tierra". Era como si hubiera salido de la tierra que había allí. La crió para que fuera como él, una devota de Dios. Ella lo veía adorar a Dios todos los días, inmerso en la conciencia de Dios. De ese modo, fue adoptando los mismos hábitos de vida que él.

Goda tenía una actitud muy bella hacia Dios, que no era exactamente la de su padre adoptivo. Sentía que Bhagavan era su amado. Quería casarse con Bhagavan. Quería ser la esposa de Dios. Habréis oído hablar de mística nupcial. Bueno, era algo así, en que consideras a Dios el amado y quieres casarte con Dios, volverte uno con Dios, unirte con Dios para siempre. Ella tenía esta actitud. Ese sentimiento hacia Vishnu era natural en ella.

Periyalwar hacía sus bellas guirnaldas y después las metía en una cesta. Tras su baño vespertino las llevaba al templo para ofrecérselas a Dios. Cuando él se iba a bañar, Goda cogía la guirnalda, se la ponía y se colocaba ante un espejo de cuerpo entero, donde se contemplaba, pensando: "¿Soy lo bastante hermosa para Bhagavan?" Se preguntaba si Bhagavan se casaría con ella o no, y estaba comprobando si estaba guapa. Y después se quitaba la guirnalda y la volvía a poner en la cesta antes que su padre volviera.

Esto sucedió durante muchos días, y un día Bhagavan decidió que quería que todo el mundo conociera la *bhakti*, la devoción, de Goda. De modo que una tarde, cuando Periyalwar llevó al templo la guirnalda, Bhagavan hizo que el sacerdote se fijara en un cabello largo y negro que había en ella. El sacerdote dijo:

—¿Qué es esto? ¡Es un pelo! ¡Alguien se ha puesto esta guirnalda! ¿Qué clase de desatino es este? ¿Puedes ofrecerle esto a Dios? ¡Ya se lo has dado a alguna otra persona!

Periyalwar estaba indignado. Cogió la guirnalda y volvió a casa. No le dijo nada a Goda. Decidió que intentaría atraparla con las manos en la masa.

Al día siguiente hizo otra guirnalda, la metió en la cesta y salió como si fuera a darse un baño; pero volvió por el otro lado y se quedó junto a la ventana. Entonces vio a Goda: esta se puso la guirnalda y se colocó ante el espejo, volviéndose hacia uno y otro lado. No era cuestión de, ya sabéis, no era que se estuviera admirando a sí misma. Sólo se preguntaba si Bhagavan estaría contento con ella como esposa. Entonces Periyalwar entró precipitadamente, y le dijo:

—¿Qué clase de sacrilegio es este? ¡Es algo... horrible! ¿Quién te ha enseñado esto?

Ella se sintió algo tímida y no dijo nada. Esa noche Periyalwar tampoco pudo ir a ofrecerle la guirnalda a Bhagavan. Se durmió. Estaba muy alterado. Esa noche tuvo un sueño muy vívido. Bhagavan Vishnu se le apareció y le dijo:

—Periyalwar, ofréceme sólo las guirnaldas que se haya puesto Goda, porque la fragancia de su amor mejora tanto la guirnalda que las otras ya no me gustan. Así que asegúrate de que primero se ponga la guirnalda, y sólo entonces tráemela.

Se sintió un poco sorprendido, como mínimo. Cayó en la cuenta de que esa niña era una niña divina, la favorita de Dios. Así que, después de eso, le cambió el nombre y le puso "Andal", que significa "la que está sumergida en las cualidades de Dios". En otras palabras, la que está llena de Dios.

Andal solía ir con sus amigas todas las mañanas (especialmente en invierno, entre diciembre y enero) a darse un baño al tanque, el tanque del templo, y después iban al templo de Krishna y le cantaban canciones a Krishna, pidiéndole que se despertase, pidiéndole que se casara con ellas y que bendijera el mundo con paz. Y estas canciones que escribió son preciosas —una canción de treinta estrofas llamada Tiruppavai— y todavía en la actualidad, aunque hayan pasado mil doscientos años, todavía hoy se cantan estas canciones durante ese mes en todos los templos de Vishnu del sur de la India. De hecho, estas canciones son tan bonitas que todos los vaishnavas las cantan en sus casas.

Esto siguió así durante bastante tiempo, hasta que se convirtió en una chica mayor. Había llegado la hora de que se casara.

Periyalwar también empezaba a preocuparse un poco, porque parecía que ella estaba casi loca por Dios. Pensaba, como hace mucha gente: "Si la casamos volverá a tener los pies en el suelo." Así que empezó a buscarle un novio adecuado. Cuando Andal se enteró se sintió muy mal.

Habréis leído en la biografía de la Madre cuántas veces intentaron casarla; pero era imposible hacer que se casara. Siempre ponía obstáculos. Algunas de las cosas que hizo son muy interesantes. Cuando le trajeron un chico a casa para presentárselo, se asomó por la ventana de la cocina con una mano de mortero, agitándola como si fuera a triturar al pretendiente. Era el presunto novio, pero desapareció como una bala en la dirección opuesta. Hizo muchas cosas para desanimar a sus padres de que la casaran, hasta que finalmente se rindieron. Fueron a un astrólogo que les dijo que habían tenido mucha suerte al no conseguir casar a la chica, porque quienquiera que hubiera sido su marido probablemente habría muerto muy poco después. Ella no estaba destinada a casarse nunca con nadie. Es una persona divina, yóguica. Ese astrólogo nunca la vio, pero pudo adivinarlo sólo por su horóscopo.

Del mismo modo, Andal tampoco quería casarse. Periyalwar era un *mahatma*, no una persona corriente. No iba a obligarla. Sabía que era una santa, así que le dijo:

—De acuerdo, ¿qué es lo que quieres? ¿Qué quieres hacer con tu vida?

— Sólo quiero casarme con Bhagavan —respondió ella.

—¿Con qué Bhagavan quieres casarte?

—Con Vishnu.

—¿Con qué Vishnu? Hay muchísimos Vishnus.

—¿Qué quieres decir con eso de que hay muchos Vishnus?

—Bueno, hay muchísimos templos de Vishnu —Y empezó a hablarle de los diferentes Vishnus: está este Vishnu, y está aquél, y finalmente, cuando empezó a hablar del Ranganathan de Shrirangam –donde hay un hermoso templo de Vishnu–, ella se sonrojó. Y él no tuvo que preguntarle más. Comprendió que ése era el Vishnu con el que quería casarse. Ése era el Vishnu que veía en sus sueños y meditaciones.

Así que pensó: "Muy bien, ¿cómo voy a casar a esta chica con una piedra? Imposible. Aunque Vishnu no sea una piedra, el Señor Shri Ranganatha tiene indudablemente la forma de una piedra. ¿Y cómo voy a casar a mi hija de carne y hueso con un Dios de piedra?" Se encontraba en un aprieto. Esa noche él también tuvo un sueño. En él Ranganatha le dijo:

–No te preocupes por eso, yo me ocuparé de todo.

Entonces Periyalwar llamó a todos sus parientes, montaron a Andal en un palanquín y empezaron a llevarla al templo de Shri Rangam. Mientras tanto, Shri Ranganatha se apareció a los sacerdotes de Shri Rangam y les dijo:

–Mi amada viene hacia aquí, mi novia viene hacia aquí. Preparaos para la ceremonia de la boda.

Así, cuando todos se encontraron cerca del templo, los sacerdotes le dieron la bienvenida con todos los honores como si fuera la amada de Dios. Pero nadie tenía ni idea de lo que podría pasar, de cómo se iba a celebrar esta boda. De acuerdo, como mucho podremos hacer que Andal entre en el templo, haremos algunos rituales y terminaremos. Entonces ella volverá a casa con su padre y será feliz el resto de su vida, se habrá casado con Dios. Eso es lo que pensaban, naturalmente; pero no es eso lo que sucedió.

Fueron al templo, y cuando Andal vio a Shri Ranganatha –nunca había visto esa imagen de Dios– se echó a llorar y un gran resplandor empezó a irradiar de ella. Como si estuviera en trance, se acercó caminando a la imagen del templo, se detuvo a su lado brillando más y más y más, hasta que simplemente desapareció en la luz.

Todos los presentes se quedaron conmocionados. Especialmente Periyalwar, que había perdido a su hija; pero entonces todo se le aclaró: su hija era la Madre Divina en persona.

Esto le ha pasado a otra santa. No os voy a contar la historia entera, pero es muy conocida, la historia de Mirabai. Mirabai también estaba loca por Krishna, y ese fue exactamente el modo en que terminó su vida. Entró en un templo de Krishna en Dwaraka, se acercó hasta la imagen y se fundió en la luz. No hay samadhi, no hay tumba de Mirabai. Estas dos *mahatmas* desaparecieron así. Hay un bonito poema escrito por un *bhakta,* un devoto bengalí, en honor de Andal. Después de leer la historia de Andal escribió este poemita. Y ahora os lo voy a leer:

Como una fuente bendita desde el mismo fondo de tu rico corazón, oh santa, derramaste tu amor santo y cristalino y tu éxtasis sobre Dios.

¡Oh pájaro con las alas extendidas en júbilo! Te asomaste sobre la cima de la adoración y la tierra y el cielo se alegraron y para siempre bebieron la melodía de ambrosía de tu canción.

Tu amor no era de este mundo. Ninguna alma de mujer anheló con esta ansia un amor mortal.

Te casaste con el mismo Gran Dios, ¡oh meta incomprensible, que desborda nuestro débil discernimiento!, y de alma a alma, como un rayo de sol en el sol, desapareciste, ¡oh mística!

Namaḥ Shivaya.

Satsang en el M. A. Center, 1994
Cinta 1 – Cara B

La fe en la Madre

En primer lugar, me gustaría deciros a todos que estoy muy contento de veros y de haber vuelto. He pasado un mes en la India. Y, como creo que ya sabéis la mayoría, fui allí porque llevaba mucho tiempo sin encontrarme bien. La Madre me dio un abrazo y ése fue más o menos el principio del fin de ese problema. Eso me lleva al tema del que vamos a hablar esta noche, que es "la fe en la Madre".

La fe perfecta es el conocimiento del Yo

La madre dice –y nosotros lo sabemos, ya que tenemos una mentalidad espiritual– que la meta de la vida humana es el conocimiento de Dios. Que la sed de felicidad que experimentamos, que nunca desaparece hagamos lo que hagamos, sólo puede saciarse en la dicha del conocimiento de Dios. Como esta sed es infinita, sólo puede saciarla algo que sea infinito. Así que nada que hagamos que sea finito, que produzca una dicha finita, puede proporcionar la satisfacción que buscamos. Y nunca podemos apagar esa sed. No podemos decir: "Vale, ya he tenido bastante de esto. Simplemente voy a ser feliz." No puedes ser simplemente feliz si no te fundes con Dios, o si no descubres tu verdadero Yo.

La Madre dice que para que eso sea posible necesitamos una fe perfecta. De hecho, la fe perfecta es el conocimiento del Yo o el conocimiento de Dios. Esta es una afirmación bastante enigmática. ¿Qué quiere decir con eso? Ahora, para nosotros, el mundo y el cuerpo son reales. Son la única realidad que existe. Y Dios o el *Atman*, el Yo, no existen en absoluto. Sólo parecen una abstracción. Ya sabéis, la gente usa la palabra Dios de muchas maneras, y esa es más o menos la única realidad de Dios que hay: sólo como una palabra, no como una experiencia. A eso se le llama *maya*. Cuando sentimos eso, que Dios no es real y que el Atman no existe, y que el cuerpo, la personalidad, el mundo, son reales, quiere decir que nos encontramos bajo la influencia de *maya*, la ilusión cósmica. Por eso no sentimos la felicidad infinita del conocimiento de Dios. Así que lo que dice la Madre es que tenemos que cultivar precisamente lo contrario, que sólo Dios existe, que sólo el *Atman* es real, que el cuerpo, la personalidad y el mundo son irreales, meros sueños en la existencia cósmica, en la conciencia pura. Y no sólo pensar así, no sólo cultivar eso. Tenemos que vivir de acuerdo con eso, que es incluso más difícil. De hecho, esa la principal dificultad de la vida espiritual. La vida espiritual no significa sólo recitar ciento ocho veces tu *mantra* por la mañana y por la noche, ir al templo, ofrecer una puja, meditar, ir a los lugares sagrados, visitar a la Madre. No. Eso no lo es todo en la vida espiritual. La verdadera vida espiritual significa vivir según la fe, vivir según esa fe en que sólo Dios existe y que sólo el *Atman* es real. Todo lo demás es un sueño. Esa es la verdadera espiritualidad, esa es la verdadera religión, eso es el *dharma*, eso es *tapas*, eso es todo en la vida espiritual.

El ateo que se cayó por un precipicio

Muchos de vosotros habréis oído esta historia, pero viene muy a cuento. Además, es una historia muy graciosa, sobre el ateo que se cayó por un precipicio. Estaba corriendo y se cayó por un precipicio. Mientras caía, se agarró de una rama que salía de la ladera de la montaña. Estaba aferrado a ella, y unos trescientos metros más abajo se hallaba el abismo en el que estaba a punto de caer. Iba a quedar machacado, hecho pedazos. Seguía agarrándose, pero cada vez estaba más débil y ya no podía seguir haciéndolo. Trataba lo mejor que podía de encontrar una salida de este apuro. Finalmente se le ocurrió una idea: "¡Dios!" Hasta entonces Dios no le había interesado. Nunca había pensado en Dios. Y pensó: "¡Dios!" Así que gritó:

—¡Oh, Dios!

No hubo respuesta. Y pensó: "¿Qué puedo perder? Voy a intentarlo una vez más. Quizá no me haya oído."

—¡Oh, Dios! Sálvame y creeré en ti el resto de mi vida. ¡Difundiré tu gloria por todo el mundo!

No hubo respuesta. Silencio.

— Oh, Dios, ¿no me oyes? De verdad, si me salvas creeré en Ti.

Silencio. Y después de un momento una tremenda voz tronante salió del valle.

—Todos decís lo mismo cuando tenéis problemas.

El hombre estaba contentísimo. Dijo:

—No, no, Dios. ¡Yo soy diferente! Haré cualquier cosa que me digas. ¡Sólo sálvame y difundiré Tu nombre por todo el mundo!

La voz dijo:

—De acuerdo. Suelta la rama.

El hombre dijo:

—¿Qué? ¡¿Te crees que estoy loco?!

Esa era su fe. Tan poca fe tenía. Aunque oyó la voz de Dios, no era capaz de obedecerla. Tenía más fe en el mundo material.

Este es el meollo del problema. La Madre dice: "Tened fe en Dios. Tened fe en un Guru que conozca a Dios. Eso será perfecto. Todo irá bien. Esa es la llave mágica para volverse perfecto, para llegar a ser feliz." Pero cuando se trata de afrontar los problemas prácticos con fe en Dios, de algún modo nuestra fe se pierde por completo y volvemos a estar en el mundo. Todo va bien mientras cantamos bhajans o nos encontramos en el regazo de la Madre. Pero si se plantea un pequeño problema, todo se desvanece.

En la *Gita* se insiste mucho en la fe en el sentido de que la fe que se tenga determina exactamente lo que se es. A los ojos de Dios, o de un alma que conozca a Dios, se puede decir que el nivel que se tiene está determinado por la intensidad o el grado de fe. Por eso Krishna dice en la *Gita*: "La fe de cada uno está de acuerdo con su naturaleza. El ser humano está hecho de fe. Como es la fe de alguien, así es él."

Así que eso es lo que eres. En lo que tienes fe, cuánta fe tengas, esa es exactamente tu etapa en la evolución, por así decirlo. Y todos nosotros tenemos siempre fe en algo, porque, como vamos a leer ahora en palabras de la Madre, no se puede existir sin alguna clase de fe. Simplemente dejaríamos de existir. ¿Por qué?

La fe es necesaria para el conocimiento de Dios

Una persona le pregunta a la Madre:

—¿No es fe ciega decir que hay un Dios?

De hecho lo que dice la Madre es que no hay fe ciega, o que toda fe es fe ciega. ¿Por qué? Estas son las palabras de la Madre:

"Hijos, todos viven por la fe. Damos cada paso teniendo la fe de que no hay nada dañino delante de nosotros. No posamos el pie si pensamos que podemos tener una serpiente venenosa delante. Comemos comida en los restaurantes porque creemos que no corremos peligro al hacerlo. Pero hay personas que mueren por envenenamiento alimentario, ¿no es cierto? La vida misma sería imposible si no creyéramos ciegamente.

"Cuando montamos en un autobús, creemos ciegamente en el conductor aunque sea un completo desconocido. Podría incluso provocar varios accidentes. ¡Cuántos accidentes de autobús y de automóvil se producen todos los días! Incluso

entonces, ¿qué es lo que nos hace volver a viajar en un autobús o un automóvil? La fe, ¿no es así? ¿Y qué decir de nuestros viajes en avión? Normalmente, ni una persona sobrevive en un accidente de aviación, pero creemos que el piloto nos llevará a salvo a nuestro destino.

"Fijaos en un hombre de negocios. ¿Qué le hace empezar un negocio? ¿No es la fe en que será capaz de obtener algún beneficio de él? ¿Qué garantía hay de que todas estas cosas sucederán como esperamos? Ninguna en absoluto. Entonces, ¿por qué seguimos haciendo todo lo que hacemos? ¡Por la fe!"

Pero la Madre diferencia entre la fe corriente en las cosas mundanas y la fe en Dios o en la espiritualidad, o la fe en personas que hayan conocido a Dios.

"Sin embargo, la verdadera fe es diferente de la fe corriente de la que hemos hablado. La fe debe proceder de principios significativos. Sólo entonces se la puede llamar fe. Nuestros antepasados vivían en comunión con Dios gracias a esa fe. Ninguno de ellos creía ciegamente."

¿Qué es lo que quiere decir aquí? Que no creían en Dios; tenían la experiencia de Dios.

"Los que han visto directamente a Dios son los testigos de Su existencia. Su testimonio no deja de ser válido porque nosotros no Lo hayamos visto. Los que Lo han visto señalan el método por el que los demás pueden verlo. No es correcto rechazar su testimonio sin seguir su consejo para comprobarlo, ¿no es cierto? ¿No es una clase de fe ciega el rechazar algo sin experimentar con ello?"

Así que decir que sólo porque los *rishis*, o sólo porque un *mahatma* dice que ha visto a Dios y que también debemos intentar ver a Dios, y que ésta es la manera de ver a Dios, decir que eso no son más que tonterías y que por qué voy a creerlas, cómo sé que han visto a Dios... es parecido a decir que aunque mi abuelo decía que había visto a su abuelo, ¿cómo voy a creerlo? ¿Cómo voy a saber que mi abuelo ha visto a mi tatarabuelo? No se puede demostrar que haya visto a mi tatarabuelo. Pero debe de haberlo visto. Acepto su autoridad. Del mismo modo, aceptamos la autoridad de las personas respetables o de los sabios, que dicen que Dios existe, que han visto a Dios, que éste es el camino para conocer a Dios. La fe en un guru o en una persona o Maestro que haya conocido a Dios es de lo más esencial. Es el punto de partida para el conocimiento de Dios.

"Para ir a un lugar desconocido hay que tener fe en un guía. Si eso sucede para llegar a un destino físico, ¿qué objeción puede haber en tener fe en un Alma con conocimiento para llegar a la Realidad supremamente sutil y misteriosa?"

"Hay que ser un niño..."

La fe es necesaria para el conocimiento de Dios, pero la cosa no se queda ahí. La fe es necesaria para cualquier vida de calidad. De hecho ese es el secreto para llevar una vida perfecta, la fe en Dios o la fe en el guru. La Madre sigue explicando por qué es así:

"La fe en Dios da la fortaleza mental necesaria para afrontar los problemas de la vida. La fe en la existencia de Dios es una fuerza protectora. Hace que uno se sienta protegido de todas las malas influencias del mundo. Tener fe en la existencia de un Poder Supremo y vivir en consecuencia es lo que se llama religión. Cuando nos volvemos religiosos surge la moralidad, que a su vez nos ayuda a mantenernos apartados de las influencias malignas. No bebemos, no

fumamos, *dejamos de gastar energía en chismorreos y charlas inútiles. La moralidad, o pureza de carácter, es un peldaño en la escalera de la espiritualidad.*

"De modo que la fe produce estos peldaños hacia la verdadera espiritualidad, por no mencionar el beneficio de mantener la mente en paz y fuerte en medio de los problemas de la vida. También adquirimos cualidades como el amor, la compasión, la paciencia, la estabilidad mental y otros rasgos positivos. Estos nos ayudarán a amar y servir a todos por igual. La religión es fe. Cuando hay fe hay armonía, unidad y amor. Un no creyente siempre duda. No cree en la unidad o el amor. Le gusta separar y dividir. Todo es alimento para su intelecto. No puede estar en paz. Está inquieto. Siempre duda de todo. Por eso, los cimientos de su vida entera son inestables y están diseminados, debido a su falta de fe en un principio superior."

¿Sabéis? Aquí solíamos leer el Bhagavatam, el Ramayana, el Mahabharata, todas estas historias antiguas escritas por los sabios hace miles de años. Y los rishis decían que no había que leer estas cosas con el intelecto. No tenemos que intentar entender lo que pretenden enseñar o el sentido interno de las historias. Hay que leerlas simplemente como los niños leen los cuentos de niños, porque eso nos volverá como niños. Como la Madre ha recalcado una y otra vez el año pasado cuando estuvo aquí, y también el año anterior –todos los años lo está recalcando–, estamos demasiado en la cabeza. Por eso no somos felices, porque el corazón se nos ha secado. Toda nuestra concentración, toda nuestra atención, toda la importancia se la damos a la cabeza, a pensar, entender, saber. Pero no hay sentimiento.

Necesitamos un poco de eso, algo en la cabeza. El intelecto no tiene nada de malo. Lo necesitamos. Pero no es ahí donde debe representarse la función principal, por así decir. La función principal tiene lugar en el corazón. Ahí es donde vive Dios. Ahí es donde brilla el Atman, no en el intelecto. El intelecto sólo es el ayudante. Ser como un niño, y entonces se puede alcanzar esa fe y felicidad. ¿No? ¿Qué es lo que dijo Cristo? "Hay que ser como un niño para entrar en el Reino de los Cielos." Tan sencillo, y todos los sabios han dicho lo mismo con distintas palabras.

En ese momento Dios vive en ti

"Una persona que tenga verdadera fe será firme. Una persona que tenga religión puede encontrar la paz."

Tenemos que recordar que cuando la Madre emplea esta palabra, "religión", no se refiere sólo a tener una religión, a creer en alguna religión. Ella quiere decir que tener fe en Dios —el que una persona tenga fe en principios espirituales o en el Ser Divino aunque no tenga ninguna religión oficial— significa que una persona lleva una vida de religión. Y ella también dice aquí: "Una persona que crea en la unidad, el amor y la paz, no en la división y la desarmonía." La Madre no habla de religión en un sentido limitado, sino en un sentido más amplio.

"Debido a la falta de fe en un Poder Supremo, los no creyentes no tendrán nada a lo que aferrarse y a lo que entregarse completamente cuando surjan circunstancias adversas. Para el creyente, Dios es el Dios Supremo. Dios es el Ser Supremo. Dios es una experiencia. Dios vive en nosotros, de modo que el amor sin deseo, la compasión, la fortaleza, la renuncia y cualidades como estas se hacen presentes en nosotros."

Es una afirmación muy bonita de la Madre. Por supuesto, todo lo que dice la Madre es muy bonito, pero esto en particular es muy bonito. Lo que está diciendo es que cuando expresas estas cualidades, como el amor sin deseo, es decir, cuando muestras amor hacia alguien sin querer nada suyo a cambio, o cuando muestras compasión, o cuando eres paciente, o renuncias a algo que es dañino para ti por tu propio bien, lo que sucede es que en ese momento Dios vive en ti. Dios ya está en ti, pero entonces Dios empieza a brillar a través de ti, la presencia de Dios empieza a morar en ti. Empiezas a experimentar el beneficio de esa clase de vida. Y esa es la experiencia de todos. Si hacen alguna de estas cosas, durante un momento o incluso durante un tiempo más largo, sienten una especie de felicidad refinada, no la felicidad de obtener, disfrutar y tomar, sino la felicidad de la expansión, que es mucho más sutil. Eso se gana adquiriendo estos principios o estas cualidades de la espiritualidad.

"Si un no creyente tiene estas cualidades, obtendrá los beneficios de un creyente. Lo que quiero decir con un creyente no es alguien que tenga fe en un Dios, o en una Diosa, sino alguien que valora los principios superiores por los cuales está dispuesto a sacrificarlo todo. Si estas cualidades son los principios según los cuales el no creyente vive su vida, es igual que un creyente. Por otra parte, si esas cualidades sólo se hallan en el exterior y son superficiales y no profundas, una persona no obtendrá los beneficios de un verdadero creyente. A menudo a los no creyentes les gusta hablar, pero no ponen en práctica sus palabras. Son superficiales y sólo hablan para impresionar. No tienen nada a lo que aferrarse. Carecen de fe en el supremo Gobernante del universo para que los salve de los problemas de la vida."

La historia de Job

Hay una hermosa historia en el Antiguo Testamento. Es la historia de Job. Muchos de nosotros conocemos la historia de Job, pero merece la pena repetirla.

Job era una persona muy virtuosa. Era muy, *muy* rico. De hecho, era la persona más rica del estado en el que vivía. Tenía miles de cabezas de ganado, miles de ovejas, decenas de miles de camellos, y tenía dinero y tierras en abundancia. También tenía diez hijos. Era tan virtuoso que todos los días hacía *puja* diez veces. ¿Por qué hacía puja diez veces al día? Porque tenía diez hijos. Le preocupaba que estuvieran haciendo algo malo, así que, para compensar sus malas acciones, hacía puja en su nombre. Sabía que él no estaba haciendo nada malo.

Un día había un *satsang* en el *Brahmaloka*, justo igual que hacemos satsang aquí. En los mundo superiores también hay satsangs. ¡Sí! ¡De verdad! Eso es lo que dicen las escrituras. Y Dios estaba allí sentado, y acudieron muchos de los dioses menores, las *devatas*, y algunos *rakshasas* también acudieron, ya sabéis, los seres demoníacos, los *rakshasas*, los *pisachas*. Y al jefe de estos en la Biblia se le llama Satanás. Es uno de los peces gordos de los *rakshasas*, el más importante. Es el jefe de la Mafia, podríamos decir, el jefe del clan de los *rakshasas*. No sé cómo lo llaman en las escrituras indias. En la Biblia lo llaman Satanás. No es necesario que tenga las orejas puntiagudas, un rabo y todo eso. No sabemos qué aspecto tiene. Pero lo que sí sabemos es que tiene una apariencia horrible.

Satanás también acudió y se sentó allí, porque en ese plano divino todos participan en lo que sucede en ese mundo. No hay que ser un gran devoto para estar allí. Todo el mundo va allí al morir. No necesariamente al Brahmaloka, sino a los mundo sutiles. Satanás fue allí y estaba sentado en un satsang, entre el público, y Dios le preguntó:

—Satanás, ¿dónde has estado hoy? ¿Está pasando algo, algo especial?

Satanás dijo:

—He estado en la Tierra. Sólo he estado dándome una vuelta para ver si podía hacer algo.

Entonces Dios le dijo:

—¿Has visto a mi servidor, a Job? Es mi mejor servidor. Es el mejor hombre que hay sobre la Tierra. ¿Lo has visto allí?

Satanás dijo:

—Lo he visto. ¿Qué tiene de especial? Le pagas muy bien. ¿Por qué no te iba a adorar? Le has dado todas esas propiedades, camellos y niños. Tiene de todo. ¿Por qué no te iba a adorar? Si realmente quieres probar su valor, quítale todas sus riquezas.

Entonces Dios dijo:

—De acuerdo. Ve y perjudícale de todas las maneras que quieras, pero no le hagas daño físicamente.

Satanás volvió a la Tierra. ¿Y qué sucedió?

Al día siguiente Job estaba sentado en su casa, y le dieron las noticias: había caído un rayo sobre el rebaño, que había quedado destruido; las tribus vecinas habían robado las ovejas; los camellos habían muerto por beber agua envenenada. No sólo eso. Eso ya estaba muy mal, pero además todos sus hijos estaban en una de las casas del hermano cuando llegó un tornado, derribó la casa y murieron todos.

¿Qué dijo Job? ¿Qué habríamos dicho si eso nos hubiera pasado a nosotros? Dijo:

—Nací desnudo, y cuando muera también me iré desnudo. Vine sin nada; me voy sin nada. ¿Qué es lo que puedo decir? Él me lo dio, Dios me lo dio todo. Dios se llevó todo lo que me había dado. Hágase Su voluntad.

Esta era la actitud de Job. Por eso Dios lo consideraba su mayor devoto.

Al día siguiente había satsang en el Brahmaloka y, por supuesto, Satanás estaba allí. ¡Nunca se pierde un satsang! Es una oportunidad para hacer alguna diablura. De nuevo Dios se dirigió a él:

—Bueno, ¿qué es lo que ha pasado? ¿Has visto a Job? ¿Qué ha pasado?

Satanás dijo:

—Sí, tenías razón. Es muy bueno. Pero todo va bien cuando se trata de "cosas" tuyas; pero cuando eres "tú" es completamente distinto. Déjame ponerle enfermo, déjame hacer que su cuerpo sufra de verdad. Si no te maldice estaré de acuerdo en que es un gran devoto.

Dios dijo:

—De acuerdo. Puedes ir y hacer cualquier cosa que quieras; pero no lo mates.

Así que Satanás volvió a bajar y lo llenó de forúnculos. Tenía el cuerpo entero, de los pies a la cabeza, cubierto de forúnculos. Ya sabéis lo doloroso que es cuando se tiene tan sólo un pequeño forúnculo en algún lugar. Él estaba cubierto de forúnculos. Empezaron a abrirse. De ellos salía pus. Empezaron a aparecer gusanos que se arrastraban por las heridas. Eso es lo que dice la Biblia. Estaba muy mal, y duró meses y meses. Ya sabéis: durante una semana tienes un forúnculo y no pasa nada. Pero si los sufres durante meses y meses y más meses... ¿Qué es lo que sucede? La fe empieza a flaquear.

Algunos amigos fueron a ver a Job para consolarlo. Habían oído que lo había perdido todo. Había perdido todas sus riquezas, todas sus propiedades, sus hijos. No tenía nada. Sólo seguía teniendo a su mujer y la casa en la que vivía, y estaba mortalmente enfermo, sufriendo desde hacía mucho. Así que todos fueron a verlo y empezaron a consolarlo. Y al final dijeron: "Debes de haber hecho muchas cosas malas para estar sufriendo así."

Bueno, es natural, cuando vemos que alguien sufre pensamos así: "Ha hecho mucho mal karma, y por eso está sufriendo así." Pero, ¿sabéis?, en la Biblia, en aquellos días no se creía en la teoría de las vidas anteriores. Naces en esta vida y, cuando mueres, todo se acaba. No vuelves a nacer. Así que Job pensaba: "¿Qué es lo que he hecho en esta vida? Yo no he hecho nada malo. ¿Por qué me acusan así?"

Y daban muchos argumentos:

—Sabes, basta con que te arrepientas de todas las cosas malas que has hecho, basta con que las reconozcas ante Dios, y todo irá bien. Todo desaparecerá.

Después pensó: "No he hecho nada malo. ¿Por qué hablan así? ¿Es que sólo vosotros sabéis algo? ¿Soy yo tan estúpido? Os voy a enseñar algo sobre el modo de actuar de Dios y todo eso. Os creéis muy sabios. ¡Lo sabéis todo!" Y empezó a quejarse a Dios, y esto es lo que dijo. Es muy bonito, porque los que hemos sufrido mucho hacemos algo parecido. Parece que esto es lo que sucede si nuestra fe no es realmente fuerte. ¿Qué es lo que dijo Job?

—Oh, Dios, ¿acaso soy una especie de monstruo para que me tortures así? Te has llevado a mi familia y mis riquezas y me has dejado con la piel y los huesos por mis supuestas malas acciones. Yo vivía tranquilamente hasta que me destrozaste. Me has agarrado por el cuello y me has hecho pedazos. Y después me has colgado como una diana para que tus arqueros me rodearan lanzándome sus flechas.

"¡Pero soy inocente! Ni siquiera me dejas dormir en paz, sino que me envías pesadillas. ¿Tienes que ponerme a prueba en todo momento del día? ¿Te he hecho daño yo a Ti, al Todopoderoso? Y, si me acusas de obrar mal, ¿qué puedo decir? Ni siquiera puedo defenderme de Tus acusaciones porque no eres un hombre como yo. Y no podemos discutir el asunto con imparcialidad porque no hay posibilidad de que alguien haga de árbitro entre nosotros.

"¡No me tortures sin más! Dime por qué lo estás haciendo. Tú me has hecho y ahora me estás destruyendo. Es mejor que me muera.

Y a sus amigos les dijo:

—¡Qué consoladores más deprimentes sois todos vosotros! ¿Qué he hecho para que habléis interminablemente? ¿Sois los únicos que sabéis algo? ¿Tenéis el monopolio de la sabiduría? ¿Es que yo no sé nada? ¡Dejad de acusarme de cosas horribles! Yo sé lo que está bien y sé lo que está mal, y os voy a enseñar un par de cosas.

Así que no maldijo a Dios, pero estaba a punto de despeñarse por el precipicio, por así decirlo. Estaba a punto de maldecir a Dios. Estas son todas las objeciones que también nosotros planteamos cuando las cosas van realmente mal. "¿Por qué me tratas así? Tú me has creado. Y si por lo menos me dijeras por qué estoy sufriendo así, no me importaría tanto; pero, ¿para qué sirve sufrir y no saber por qué se está sufriendo? ¿Cuál es el beneficio de todo esto?"

Esto es lo que sucede. Estos son los argumentos que se presentan en la mente cuando la fe se debilita.

Satanás casi ganó. Y lo que también sucedió es que el *ahamkara* de Job, su ego, su arrogancia, su orgullo, todas las malas cualidades que hay dentro de todos, se manifestaron por la fuerza del sufrimiento. Esta es una de las razones por las que llega el sufrimiento: para que todo eso salga. Eso es lo que dice la Madre: todo lo que hay dentro tiene que salir. Entonces, cuando sale, si sabes manejarlo adecuadamente, si entiendes lo que es y después decides "no voy a dejar que esto me agarre, no voy a dejar que vuelva a pasar", entonces te has librado de eso. Te aclaras, por así decirlo, como un tintero. Vas echando agua a un tintero, y al final la tinta se acaba y sólo fluye agua clara. Cuando toda esta basura sale por la fuerza del sufrimiento, el interior se queda como una botella limpia, por así decirlo, y la presencia de Dios puede brillar en él.

Así que todo esto estaba saliendo. Y, cuando todo había salido al máximo, Dios le habló. Era un torbellino, como un tornado. Y Su voz salió de allí. Y le dijo:

—¿Por qué empleas tu ignorancia para negar mi sabiduría? Todos estos ignorantes argumentos que estás dando para decir que no sé lo que estoy haciendo contigo. ¿Qué sabes tú? Ahora prepárate para luchar, porque te voy a pedir algunas respuestas, y tienes que dármelas.

"De acuerdo, hombre arrogante. Le estás diciendo a todo el mundo que sabes tanto que les vas a dar una lección. Ahora dame una lección a mí. Te voy a hacer algunas preguntas.

"¿Dónde estabas cuando puse los cimientos de la Tierra? ¿Sabes cómo se decidieron las dimensiones de la Tierra y quién hizo la topografía? ¿Sabes quién es el ingeniero? ¿Quién decretó los límites de los océanos? ¿Se te ha revelado el lugar donde se encuentra la puerta de la muerte? ¿Quién excavó los valles e hizo el sol? ¿Quién trazó los caminos del relámpago y la lluvia? ¿Quién da la intuición y el instinto? ¿Quién mantiene las crías de los animales?

"¿Sigues queriendo discutir conmigo? ¿Tú, el crítico de Dios, tienes las respuestas?

¿Qué habríamos dicho nosotros si hubiéramos oído esa voz? Si somos inteligentes, si hemos aprendido nuestras lecciones, diremos exactamente lo mismo que Job:

—Yo no soy nada. ¿Cómo podría encontrar nunca las respuestas? Me tapo la boca con la mano y me quedo en silencio. Ya he hablado demasiado.

Pero Dios no se detuvo. Vio que todavía le quedaba algo de ego, así que le dijo:

—¡Levántate como un hombre y lucha! Déjame hacerte algunas preguntas más. ¿Vas a desacreditar Mi justicia y condenarme sin presentar batalla?

—Lo siento, Señor. Yo no sé nada. En mi dolor dije muchas cosas impropias. Ten misericordia de mí, que soy tu hijo.

Dios estaba complacido. Job se había vuelto muy humilde. Se volvió como un niño. Esa es la finalidad de las dificultades. Esa es la finalidad del sufrimiento. Sólo es para volvernos humildes como niños, de modo que la fe pueda florecer, que podamos sentir la dicha de la Presencia Divina. Entonces Dios lo bendijo para que recuperara todas las tierras, todos los animales. Después de eso tuvo otros diez hijos. Tuvo una gran familia. Y vivió ciento cuatro años. Incluso vio a sus tataranietos, después de haber aprendido la lección. Y murió en paz.

Si estamos padeciendo sufrimientos —y todos sufrimos, no hay nadie que no sufra de una manera u otra en algún momento— no debemos maldecir a Dios, o maldecir al guru, o maldecir a la Madre. Debemos recordar que la finalidad es purificarnos, volvernos tan humildes que podamos tener fe y disfrutar de la dicha del conocimiento de Dios.

Una de las últimas cosas que Krishna dice en la Gita es:

"El que escucha esta enseñanza, lleno de fe y libre de maldad, incluso él, liberado, llegará al mundo feliz de la Fuente dhármica."

Con plena fe, si seguimos el camino de la fe llegaremos al mundo divino e incluso nos uniremos con Dios.

¡Namah Shivaya!

Satsang en el M. A. Center, 1994
Cinta 2 – Cara A

El desarrollo de la fuerza de voluntad

Estamos en el día de Año Nuevo, y una bonita tradición en Occidente en el día de Año Nuevo es hacer resoluciones de Año Nuevo. No debemos pensar que sólo es una tradición occidental. De hecho, es una tradición espiritual. No es algo exclusivo del mundo occidental en el día de Año Nuevo. Todos nosotros deberíamos revisar todos los días lo que está bien y lo que está mal en nuestra mente. Qué es lo que nos hace avanzar y qué nos hace retroceder. Y después, cuando nos acostamos por la noche, hacer la resolución de que mañana seremos mejores. Y, cuando nos levantemos por la mañana, pensar: "Muy bien, hoy venceré mis debilidades y cultivaré las buenas cualidades."

Pero es gracioso que aquí, en Nochevieja, todo el mundo parece que lo tira todo y al día siguiente deciden que van a ser mejores a partir de ese día. Es un aspecto curioso de la naturaleza humana. Aunque decidamos que vamos a librarnos de nuestras tendencias negativas, nuestras *vasanas*, descubrimos que nuestra resolución no dura mucho. Eso es lo que suele pasar con las resoluciones de Año Nuevo. ¿Por qué no duran mucho? Hay una serie de razones y de eso es de lo que vamos a hablar hoy.

Las vasanas son como el oso

La razón principal es que nuestra fuerza de voluntad no es muy grande. Nuestra mente es débil. Fuerza de voluntad significa ser capaces de llevar a la práctica nuestras buenas intenciones. Pero no solemos ser capaces de hacerlo. ¿Por qué? Porque nuestra mente se distrae fácilmente. De esto es de lo que trata toda la práctica espiritual. Podemos querer librarnos de un mal hábito, pero el mal hábito no quiere dejarnos.

Hay una historia:

Dos pobres sadhus estaban cruzando un río a nado. Algo bajaba flotando por el río. Uno de los sadhus pensó: "Es una manta. ¡Bien! Puedo conseguir una manta. Hasta ahora no tenía manta." Agarró el objeto y éste empezó a llevárselo río abajo. Entonces el otro sadhu le dijo:

−¡Vamos! Tenemos que cruzar el río. ¡Suelta eso!

En realidad eso que le había parecido una manta era un oso. Así que le gritó a su amigo:

−Quiero soltarlo, pero él no me suelta a mí.

Las vasanas son así exactamente. Queremos soltarlas, queremos que se vayan, pero ellas no nos sueltan porque llevamos muchos años cultivándolas, las hemos ido desarrollando, las hemos estado acariciando y besando, y por eso no se quieren ir tan fácilmente.

Hay un santo que tiene una sugerencia para librarse de las vasanas. Dice que cuando surgen hay que golpearlas sin piedad. Por supuesto, no con un palo o cualquier otra cosa, porque son inmateriales, son sutiles, están en la mente. Una persona tiene un perro y está siempre acariciándolo, besándolo, abrazándolo y no se da cuenta de que un perro es una criatura irracional que puede morderle algún día. Tiene un amigo, y el amigo se le acerca y le dice:

–¡No sabes que te puede morder! No deberías acariciar así al perro.

Igual que esta persona, acepta el consejo y cuando el perro se acerca otra vez le dice:

–¡No!¡No!¡Lo siento, pero no puedes saltarme encima!¡No puedes besarme!

A pesar de eso, el perro sigue saltándole encima porque no entiende. Nuestras vasanas son así. Podemos tomar una decisión: "No voy a hacer esta cosa, o no voy a hablar así, o ni siquiera voy a mirar ahí, o no voy a comer esto."

Hemos tomado la decisión, pero las vasanas no saben nada de ello. Así que, cuando la tarta aparece, o cuando llega la persona que no nos gusta, nos la comemos, o decimos la cosa impulsivamente, porque lo hemos hecho muchas veces, porque las vasanas no entienden, sólo son un hábito. Así que lo que tienes que hacer es darle un golpe. No es cruel. Tienes que enseñarle una lección. Y, si sigue saltando encima de ti, tienes que volver a golpearla. Así que algunos hábitos... tenemos que hacerlos salir implacablemente. Volverán una y otra vez hasta que se hagan a la idea, y entonces se alejarán de ti.

Una razón por la que no podemos tener una mente fuerte es que no nos lo tomamos en serio. Si no somos muy serios en el cultivo de la mente, nos resultará muy difícil vencerla. Es un trabajo de plena dedicación. No se puede dar un paso adelante y diez pasos atrás y esperar conseguir que la mente logre concentración y paz. Y una mente cultivada, una mente fuerte, es una mente pacífica y feliz. De modo que para eso debemos tener la seriedad necesaria. Por eso la gente hace buenos propósitos en Año Nuevo y no tiene éxito, porque no es seria. Sólo lo siente hoy, pero no mañana o pasado.

Para una persona espiritual no tiene que ser sólo hoy y mañana y pasado mañana. Debemos intentar purificar la mente cada minuto, hasta el último aliento. De eso se trata precisamente: de la pureza de la mente. La pureza de la mente significa el poder de controlar la mente y que haga lo que queremos en lugar de hacer nosotros lo que ella quiera. Y ser capaz de no pensar, de existir con una mente libre de pensamientos. Sólo conciencia, conciencia pacífica, sin pensamientos. Podemos pensar si queremos, pero no tenemos que pensar sin poder contenernos.

Sentir la carga del ego

Hasta que no alcancemos un cierto estado en el que pensamos: "Qué carga es mi mente, todos estos malos hábitos que tengo. ¡Cómo pesan! Qué fuente de sufrimientos son para mí", no tendremos la seriedad necesaria. Se está en esa etapa. Igual que un avión avanza por la pista y está a punto de despegar, si queremos controlar la mente también tenemos que llegar a ese punto en el que sentimos que el ego es una carga. No el ego puro. El ego puro está bien. El ego puro nos ayuda. Me refiero al ego negativo, al ego lleno de cualidades negativas. Mientras no sentimos "!Oooh, qué dolor de cabeza es esto! ¡Otra vez he dicho aquello! ¡Otra vez he hecho esto!" y sentimos el sufrimiento de nuestras acciones impulsivas, es muy difícil ser serio.

La Madre tiene algo que decir al respecto:

"Si la meta es conocer al Ser Supremo, tienes que quedarte completamente sin ego. Eso requiere esfuerzo personal. El propio sadhak debe rezar sinceramente para que desaparezcan sus tendencias negativas. Debe trabajar duro. Esta oración no es para conseguir nada ni para satisfacer ningún deseo. Es para trascender todos los deseos. Es un intenso anhelo del sadhak de volver a su morada original y verdadera. Siente y se vuelve consciente de la carga de su propio ego y este sentimiento crea una fuerte ansia de descargarse

de su peso. Esta ansia es la que se expresa como oración. La eliminación del deseo no puede lograrse mediante las oraciones de otra alma limitada. Requiere esfuerzo personal y la guía de un Maestro perfecto."

A veces la gente dice: "Por favor, reza por mí." La Madre está diciendo que las oraciones por los demás son eficaces para todo excepto para esto, para librarse del ego. Podemos rezar por la salud de los demás, por la riqueza de los demás o por el bien de los demás; pero a la hora de eliminar el ego cada uno tiene que hacerlo por sí mismo. Nadie más que el guru puede hacerlo.

"Así que las oraciones de otra alma limitada no sirven para eso. Trabajar sobre el ego o vaciar la mente resulta más fácil en presencia de un Maestro Divino. Aunque la Madre ha dicho que la oración ajena no puede ayudar a eliminar el ego de otra persona, el mero pensamiento, la mirada o el contacto de un guru realizado puede producir una transformación tremenda en el discípulo. Si quiere, un verdadero guru puede incluso conceder el conocimiento del Yo al discípulo o devoto. Puede hacer todo lo que quiera. Su voluntad es una con la voluntad de Dios. Rezar por la satisfacción de deseos triviales es quedarse atrapado en la mente y todos sus apegos y aversiones. No sólo eso: es añadir más vasanas a las que ya hay."

Estamos hablando de hábitos, vasanas, en especial de malos hábitos. Cuando usamos la oración como medio para controlar la mente, o como medio para purificar la mente, debemos pedir lo más elevado, no cosas menores, porque las cosas menores sólo incrementan nuestros deseos, nuestras vasanas. Así que, cuando le pedimos a Dios algo inferior al conocimiento de Dios, le estamos pidiendo que aumente nuestra esclavitud y nuestro sufrimiento.

Si elegimos eso, está bien, no tiene nada de malo; pero alguien cuya meta es conocer la dicha de Dios, que cree que esa es la meta final, debe rezar sólo por eso.

> *"Se crean nuevos deseos, nuevos mundos. Además de eso, alargas la cadena de tu ira, lujuria, codicia, envidia, engaño y todos los demás rasgos negativos. Todos los deseos traen consigo estas emociones negativas. Los deseos insatisfechos producen ira. Por el contrario, cuando se reza pidiendo purificación para acercarse al conocimiento del Yo o la conciencia del Yo, las vasanas son destruidas. Esa oración cambiará totalmente tu visión de la vida. La persona vieja muere y nace una nueva. En cambio, rezar por el cumplimiento de deseos triviales no trae consigo ningún cambio en la personalidad. La persona que reza así sigue siendo la misma. Su actitud no cambia."*

Mucha gente dice: "Llevo rezándole a Dios muchos años y todavía no estoy haciendo ningún progreso espiritual. Voy a la iglesia todas las semanas, todos los domingos. Hago esto y aquello y medito." ¿Por qué? ¿Por qué no hacen ningún progreso? Una razón es esta: que su mente sigue ocupada con "deseos triviales", como dice la Madre, no en el deseo supremo de Dios.

Así que este control de la mente, por la oración o por cualquier otro medio, no es sólo para nosotros, no sólo para los devotos, no sólo para las personas espirituales. Es para todos. Porque si no puedes controlar la mente es imposible que tengas éxito. Siempre estarás distraído por diversas cosas, y no podrás alcanzar la meta que te has puesto.

Hay que poner los medios

Muchos habréis oído hablar de los *Yoga Sutras;* es el texto más acreditado sobre la meditación, escrito hace miles de años por un gran sabio llamado Patanjali. La primera estrofa de los *Yoga Sutras* dice: "yogaschitta vritti nirodhah", que significa "el yoga es el control de las modificaciones de la mente". Ese es el verdadero significado del yoga. Actualmente el significado del yoga se ha convertido tan sólo en hacer posturas de yoga. Pero la verdadera finalidad de las posturas y de todas las ramas del yoga es controlar las ondas mentales, hacer que la mente se pare, que se encuentre completamente en paz. En este yoga, en este sistema, podríamos decir, de controlar la mente, hay pasos. Muchos de vosotros sabéis cuáles son esos pasos; pero hoy he pensado que hablaríamos al menos un poco de ellos. Otro día entraremos en más detalles. Eso mismo puede constituir una serie de charlas sobre los *Yoga Sutras*.

Básicamente, si quieres alcanzar un fin tienes que poner los medios. Este es el enfoque científico. Y esto se aplica igual de estrictamente para lograr la paz mental. No puede hacerse de cualquier modo. Hay que hacerlo de acuerdo con la ciencia. Y la ciencia del yoga y la meditación dice que los primeros pasos son lo que se llaman *yama* y *niyama*. No es el mismo Yama que viene a llevarnos cuando dejamos el cuerpo, el dios de la muerte, Yama. Significa restricción. Las restricciones son los yamas. Las prácticas son los niyamas. Es como lo que debe y lo que no debe hacerse en la vida espiritual. La mayor parte de las personas meditan, leen libros espirituales, hacen muchas cosas y descuidan los yamas y niyamas. Es como descuidar los cimientos y construir una casa sobre arena. No sé cuánta gente he visto venir a la Madre y decirle: "Madre, llevo meditando treinta y cinco años y no tengo ninguna experiencia." ¿Por qué? Porque habían descuidado la base. No basta sólo con meditar. No basta sólo con hacer bhajans. Hay que ocuparse de la base, los yamas y los niyamas, y si se ocupa uno de ellos, si estas cosas básicas se hacen adecuadamente, el siguiente paso llega automáticamente.

La meditación vendrá automáticamente. No hay que hacer un esfuerzo diferente para lograrlo. Esto no quiere decir que no debamos meditar. Debemos meditar; pero, a la vez, no debemos descuidar lo básico, los cimientos.

¿Cuáles son los yamas?

Ahimsa: no hacer daño

Satya: veracidad.

Asteya: abstenerse de robar.

Brahmacharya: continencia.

Aparigraha: abstenerse de la avaricia.

Tardaríamos un día en explicar cada uno de ellos; pero, resumiendo:

No hacer daño significa no abrigar pensamientos de hacer daño –ni siquiera pensamientos– a ningún ser vivo, a nada en el mundo, a nada en el universo, ni siquiera en pensamiento y mucho menos en palabra, hablando, o en acción. A eso se le llama no hacer daño. Imaginaos si podemos perfeccionarnos en cualquiera de estas disciplinas lo pura que tendremos la mente; ¡cuántas vasanas serán eliminadas!

Satya significa veracidad. La veracidad no significa sólo no decir mentiras. La veracidad es la forma de hablar que nos ayudará a nosotros y a los demás a ir hacia la verdad. Así que si es desagradable –esto es lo que dicen las escrituras–, si es una verdad desagradable, no hay que decirla. Sólo porque sea verdad no se va a la gente a decirle sus defectos. Esto es algo muy común. Siempre encontramos a alguien que nos hablará sobre nosotros, nos criticará o criticará a otros. Y eso, aunque sea verdad, no hay que hacerlo porque la reacción que produce aleja a la persona de la verdad. Así que no digáis verdades desagradables. Es mejor quedarse callado que crear ondas como esa. Algunas personas preguntan: "¿No debería decirles la verdad? ¿No debería decirles que están haciendo algo mal?" No, no lo digas si no te preguntan.

Si tú eres la persona a la que preguntan, si esa persona confía en ti, entonces puedes decírselo porque eso no va a crear una onda negativa en él. No le irritará. De lo contrario no es asunto tuyo. ¡Métete en tus asuntos!

Y después asteya, abstenerse de robar. Eso significa ni siquiera pensar cuando ves una cosa "¡oh, me gustaría tener eso!" si pertenece a alguna otra persona. Y mucho menos cogerla; ni siquiera el pensamiento "qué bonito es eso". No. Si es bonito y lo quieres, ve a comprártelo. No cojas el de otro.

Luego está brahmacharya, la continencia. La continencia significa que incluso en pensamiento la propia mente está instalada en Dios, no en cosas sexuales, físicamente, mentalmente, ni siquiera en el movimiento más sutil.

Y aparigraha, abstenerse de la avaricia. Así que, ¿qué es lo que necesito? Sólo quiero eso. No quiero nada más que eso porque más que eso conlleva mucho trabajo, tensión y un desgaste innecesario de la vida.

Después de hacer estas cosas un poco podemos pensar: "ya lo he hecho bastante. He llegado a cierto nivel; ahora soy feliz." Pero quizá no sea suficiente. Los mismos Yoga Sutras te dicen cuándo has tenido bastante. Es decir, cuando eres perfecto en esto, lo sabes. El no hacer daño, por ejemplo. Cuando eres perfecto en no hacer daño, todos los seres que se te acercan dejan de ser hostiles. Puede ser un tigre. Habréis oído historias así, ¿no? Yoguis que iban caminando por el bosque o que vivían en cuevas con serpientes, cobras, tigres o leones, y otros animales feroces o incluso personas feroces. Como tenían la mente siempre instalada en no hacer daño, nunca sentían ganas de dañar a los demás. Y entonces esos seres también se volvían inofensivos frente a ellos.

El año pasado contamos la historia de las vacas de aquí, ¿os acordáis? Un día estábamos intentando llevar las vacas a un lugar. Aquí había algunas vacas. Y normalmente pasas al lado de las vacas y ellas no se mueven. No puedes ir a acariciarlas –incluso a algunas se las puede acariciar–, porque son todas vacas salvajes; pero puedes caminar a su lado. Recuerdo que una vez estaba sentado fuera, en el campo. Estaba hablando con alguien, y las vacas estaban a sólo un metro de distancia. Estaban justo a mi lado. Pero ese día queríamos llevar las vacas a algún lugar. Y, ¿sabéis?, salí de la casa con un palo. Las vacas estaban a unos cien metros de mí. En cuanto me vieron se pusieron a correr. No podían haber visto el palo. Lo llevaba arrastrando detrás de mí. Sabían que tenía una idea en la mente: "Voy a perseguirlas. Si no cooperan, quizá tenga que golpearlas." Lo sabían intuitivamente. Su poder intuitivo es mucho mayor que el nuestro. Como no hablan, su energía no se disipa como la nuestra. Cuentan con su intuición.

Pero esto es sólo algo práctico. Cuando yo no sentía en absoluto esa idea en mi interior, la vaca estaba a mi lado. No se iba a ninguna parte. Yo podría haber estado hablando y gritándole muy alto a alguien y no se habría movido. Así que lo saben. Todos los seres vivos saben cuando "esta persona es una amenaza para mí. Voy a hacer algo o me voy a ir." Intuitivamente los seres vivos lo saben. Así que si realmente estás instalado en la inocuidad, en no dañar, todos los seres vivos se volverán inofensivos ante ti.

Después la veracidad. Cuando hablas de esa manera, no dices mentiras. Lo que está en tu mente, lo que ha sucedido y lo que sale al hablar es lo mismo. Y no dices cosas desagradables aunque sean ciertas. Entonces adquieres el poder de que cualquier cosa que digas será verdad. Igual que la Madre. Ella puede decir: "No te preocupes. Mejorarás, te pondrás bien." Si ella lo ha dicho, tienes que mejorar. Nadie sabe cuándo. Ella no te está diciendo cuándo, pero te vas a poner bien. Seguro que sucede porque ella tiene el poder de la verdad.

Y no robar. Este es muy interesante. Las escrituras dicen que "El que está instalado en no robar recibe joyas." La palabra es *ratna*, joyas. Extraño, ¿verdad? ¿Qué va a hacer un *sannyasi*, un monje, con joyas? Pero aquí "joyas" no se refiere a las piedras preciosas. Cuando una persona está instalada en no robar tiene tal mirada de inocencia, tal mirada de desinterés y desapego que las otras personas sienten confianza en ella. Entonces se sienten inclinadas a darle a esa persona todas las cosas mejores. O sólo para compartirlas con él, o para confiárselas, como un administrador, porque saben intuitivamente que esa persona no va a robárselas, no se las va a llevar porque está muy desapegada. Entonces a esa persona le llegan las mejores cosas. Este es el significado de las joyas, los ratnas: lo mejor.

Y después la continencia. Cuando se es perfecto en eso, cuando no se tiene ni un pensamiento sexual, ¿qué sucede? Se obtiene energía espiritual, poder espiritual. Una persona así, que tiene ese poder de continencia –que se llama *virya*–, sus palabras te traspasan el corazón cuando te habla. Otro que estuviera justo al lado de esa persona podría decir lo mismo y sería completamente anodino. ¿Por qué? No es sólo por el estilo o las palabras. Es por el poder que hay detrás. Ni siquiera es el sentimiento del que habla. Es la energía espiritual que ha adquirido por medio de *brahmacharya*, la continencia. La gente ni siquiera sabrá por qué se siente así. Se debe a la energía espiritual de la persona. Eso nos sublimará. Cuando oímos hablar así, es un verdadero *satsang*. Entonces lo olvidaremos todo, viviremos en un mundo espiritual. Eso es la energía espiritual del que habla, si la tiene.

Y la ausencia de codicia. También es muy interesante. Patanjali dice que cuando has alcanzado la perfección en la ausencia de codicia, obtienes una *siddhi*. Una siddhi es un poder místico. Después de todo, estos poderes místicos no son misteriosos. Son poderes latentes en todos. Sólo son los poderes de la mente; pero como la mente está dispersa, como no nos concentramos, estos poderes no se manifiestan. Sólo llegan cuando se adquiere concentración, cuando la mente se vuelve fuerte y no piensa tanto. Entonces se manifiestan las siddhis. Así que, cuando cultivas la cualidad de la ausencia de codicia, cuando no quieres más que lo mínimo para ti mismo, lo que sucede es que te desapegas del mundo. Nada te importa. Y cuando te desapegas del mundo, a continuación te desapegas de tu propio cuerpo. Con lo mínimo es suficiente: un lugar para vivir, algo para comer, un lugar para dormir, lo mínimo. Y cuando te desapegas del cuerpo el verdadero conocimiento empieza a brillar. Y la siddhi particular que menciona Patanjali es el conocimiento del pasado y el conocimiento del futuro. Este conocimiento empieza a surgir en la persona que está instalada en la ausencia de codicia. Por su desapego de este mundo y de su propio marco físico, llega el conocimiento del pasado y el futuro. ¿Por qué? Porque ya no le interesa ni el presente. Está desapegado.

Estas son las cualidades de los yamas. Después vienen los niyamas:

Saucha: limpieza. La limpieza significa tanto la limpieza física como la pureza interior de la mente.

Santosha: contento. Es sentir que ya tengo suficiente. ¿Por qué voy a sentirme intranquilo por conseguir esta cosa y aquella cosa más? Se llama *santosha*.

Todo esto ayuda a controlar la mente haciendo que se encuentre en paz.

Tapas: austeridad. Hoy en día tapas se usa como algo parecido al sufrimiento. "¡Oh, qué tapas fue aquello!" Pero no significa sufrimiento. Al contrario, significa la capacidad de soportar el sufrimiento. Cuando hace frío, no sentirse disgustado: "¡Oh, hace mucho frío!¡Hace mucho calor!" Así. O tengo un dolor de cabeza: "¡Oh, qué dolor de cabeza más terrible!" Permanecer ecuánime en medio de todos estos pares de opuestos, los *dvandvas*, los opuestos, a eso se le llama tapas. Mantener la sangre fría, como se dice, en todas las circunstancias, mantener la mente en calma, a eso se le llama tapas.

Y después *svadhyaya*, que es el estudio de las escrituras, los escritos de los sabios, y *mantra japa*, ambas cosas. El estudio de las escrituras no significa leer todos los libros espirituales que cualquier persona religiosa haya escrito, porque si vas a cualquier librería encontrarás cientos, miles. ¡Hoy en día todo el mundo escribe libros espirituales! Y todo el mundo lee libros espirituales. Pero eso no es svadhyaya. Svadhyaya es leer los libros escritos por los *rishis*, libros escritos por almas realizadas, no sólo por cualquiera que sepa algo sobre algo. El poder de la palabra de una persona realizada, antigua o moderna, es muy fuerte. Y repetir tu mantra también forma parte de svadhyaya.

Llorarle a Dios es meditación

Y después lo último es *ishwara pranidhana*, que significa devoción a Dios. ¿Qué es lo que dice la Madre sobre este último? Todo lo que hemos visto antes es muy bueno. Debemos practicarlo. Pero sólo somos seres humanos corrientes. Es muy difícil hacer lo que estamos diciendo. Por eso la Madre dice que no nos preocupemos, que hay una salida. Tampoco es fácil, pero no es tan complicado como los otros. Es *ishwara bhakti*, o ishwara pranidhana. Es la devoción a Dios. Este es el modo de controlar la mente, de librarse de las vasanas. ¿Que dice la Madre del tema?

"Uno de los brahmacharis le preguntó a la Madre: 'Madre, esta tarde le dijiste a un joven que sólo rezara y le llorara a Dios. ¿Es eso suficiente para conocer a Dios?'
"Sí", dijo la Madre, "¡si se hace con todo el corazón! Hijo, no pienses que la práctica espiritual sólo es sentarse en la postura del loto meditando o repitiendo un mantra. Por supuestos, esos dos son métodos y técnicas para recordar a Dios y conocer

el Yo. Ciertamente nos ayudarán a entrenar y domar el cuerpo y la mente, que naturalmente están inquietos; pero es erróneo pensar que sólo estas prácticas constituyen el camino. Mira por ejemplo las gopis de Vrindavan, o Mirabai. ¿Cuál era su sadhana? ¿Cómo se convirtieron en Krishnamayis —una Krishnamayi es una que está llena de Krishna—? ¿Lo consiguieron con largas horas sentadas en meditación?" (¿Estaban haciendo eso las gopis? ¿Tenían tiempo? Las gopis eran amas de casa.) *"No. Pero, por supuesto, ellas meditaban. Hacían una meditación constante e intensa, pero no sentadas con las piernas cruzadas. Las devotas como las gopis y Mirabai recordaban constantemente las glorias de Dios, conservando Su forma dentro de ellas independientemente de la hora o del lugar. Se limitaban a llorar y llorar hasta que las lágrimas se llevaban todo lo que había en la mente, hasta que se iban todos los pensamientos.*

"Hijos, cuando lloramos podemos olvidarnos de todo sin esfuerzo. Llorar nos ayuda a dejar de darle vueltas al pasado y de soñar con el futuro. Nos ayuda a estar en el presente con el Señor y Su lila. Suponed que se muere alguien muy querido por nosotros. Por ejemplo, nuestra madre, o nuestro padre, nuestro marido o nuestra esposa, un hijo o una hija. Sufriremos al pensar en él o ella, ¿no? Nos olvidamos de todo lo demás. En ese momento no viene a la mente ninguna otra cosa excepto los dulces recuerdos del difunto. Lo único que nos interesará será pensar en esa persona y reflexionar sobre ella. Nuestra mente se concentra completamente. Hijos, el llanto tiene el poder de hacer que la mente se concentre completamente en una cosa. ¿Por qué meditamos? Para obtener concentración. Así que el mejor modo de obtener concentración es llorarle a Dios. Este es un modo muy intenso de recordar a Dios, y de hecho es meditación.

"Eso es lo que hicieron grandes devotas como las gopis y Mirabai. Ved lo desinteresadamente que rezaba Mirabai: "Oh, Giridhari de Mira, no importa si me quieres, pero Señor, por favor, no te lleves mi derecho a quererte a Ti." Rezaban y lloraban hasta que su ser entero se transformaba en un estado de oración constante. Seguían adorando al Señor hasta que las llamas del amor divino las consumían totalmente. Ellas mismas se convertían en la ofrenda."

Así que esta es una manera, una manera fácil de meditar para nosotros. Es llorarle a Dios, o llorarle a una persona que haya conocido a Dios. No requiere ningún esfuerzo especial pensar siempre en esa persona, en esa forma, y cuando somos capaces, cuando estamos solos, llorarle como Mirabai le lloraba a Krishna. Y lentamente nos llenaremos de ese Ser, y las vasanas no tendrán espacio para existir.

La Madre pone el ejemplo de una cantidad de agua salada. ¿Cómo te libras del agua salada? Si viertes continuamente agua fresca en ella, más y más y más, se diluye hasta que virtualmente ya no queda nada. Así que, aunque las vasanas estén ahí, quizá no seamos capaces de desarraigarlas tan fácilmente. Lo que podemos hacer es poner algo más ahí hasta que ya no quede espacio para ellas. Es el pensamiento de Dios, o de nuestro mantra, o de la Madre. Este es el método práctico, fácil, para gente corriente como nosotros.

La gracia de un *mahatma* también es un factor de salvación. La Madre también tiene algo que decir al respecto:

"Alguien dijo: 'He leído que, independientemente de la cantidad de sadhana que se haga, el estado de perfección no puede alcanzarse sin la gracia de un guru realizado. ¿Es verdad?"

¿Qué creéis vosotros? ¿Es verdad? La Madre dijo:

"¡Totalmente correcto! Para eliminar las vasanas más sutiles se necesita la guía y la gracia del guru."

Esto significa no sólo nuestros hábitos más burdos o flagrantes, sino las cosas más sutiles de las que ni siquiera somos conscientes.

"Y sólo el guru puede hacer que esas cosas se manifiesten, producir situaciones que harán que salgan, y después darnos la fuerza para superarlas. Y, cuando se eliminan las vasanas, en la última etapa, el punto en el que un sadhak cae o se desliza al estado de perfección no puede suceder sin la gracia del guru.

"Los seres humanos son limitados. No pueden hacer mucho por sí solos. Quizá sean capaces de avanzar hasta cierto punto sin la guía o la ayuda de nadie; pero pronto el camino se vuelve complicado y se necesita ayuda. El camino hacia la liberación es un laberinto de intrincados senderos. Viajando por el laberinto un aspirante espiritual puede no ser capaz de entender adónde debe ir, o qué dirección tomar. O seguir un camino espiritual sin un guru puede compararse a navegar solo en el océano en un bote diminuto que carece del equipamiento necesario, que ni siquiera tiene una brújula que indique la dirección."

Así de imposible es intentar conocer a Dios sin la ayuda de un Maestro que conozca a Dios.

"Recuerda que el sendero que lleva al estado de conocimiento del Yo es muy estrecho. Dos personas no pueden caminar juntas por él en compañía. Hay que recorrer este camino solo.

"Mientras avanzamos por el camino espiritual hay una luz que nos guía. Esa luz que nos muestra el camino es la gracia del guru. El guru camina delante iluminando el camino mientras nos guía lenta y cuidadosamente. Conoce de memoria todos los caminos intrincados. La luz de su gracia nos ayuda a distinguir y apartar los obstáculos y a alcanzar la última meta."

Esto es lo que dice la Madre, que tenemos que hacer un esfuerzo. Eso es muy importante; pero lo que nos salva en último término es la gracia del guru.

"La gracia del Sadguru es lo más necesario. Sin su cuidado amoroso, sus miradas compasivas y su toque afectuoso, no se puede llegar a la meta. Con cada mirada y cada toque compasivo está enviando su gracia. Por eso, hijos, ¡pedid su gracia!"

Namah Shivaya.

Satsang en M. A. Center, 1994
Cinta 2 – Cara B

La Navidad y el Cristo Místico – 1

antes de que la Madre viniera a este país, o cuando estaba a punto de venir a este país, yo dudaba de cómo reaccionaría la gente cuando viera a la Madre en Devi Bhava. Pensaba que algo así nunca, ni remotamente, se había visto aquí. Hoy he visto algo muy interesante que me ha aclarado mucho las cosas. Lo había olvidado por completo. Hoy he visto a un caballero sentado en un lugar, vestido con un traje extraño, y la gente se sentaba en sus rodillas. Abrazaba a cada uno de ellos y ellos le contaban sus deseos (*risas*). Así que no es raro que los occidentales pudieran sentirse como pez en el agua con la Madre. Por supuesto, hay una ligera diferencia.

Hoy es Nochebuena, como todo el mundo sabe. Y para una persona espiritual, la finalidad de todas estas fiestas es aumentar su espiritualidad. Por supuesto, la Navidad se ha convertido en una época para estar juntos, para estar con la familia. Es una época para el mercantilismo. Es una época para que se beneficien los negocios. Pero para nosotros, para los devotos, y quizá también la finalidad original de las Navidades, es pensar en la personalidad de Cristo, que era un gran *mahatma*, y leer sus enseñanzas y su vida.

¿Por qué le gusta tanto el dharma a Dios?

Ningún país tiene el monopolio de sabios, mahatmas y avatares. Siempre que hace falta, Dios, el Ser Supremo, viene a esta tierra a bendecir a los seres vivos. De hecho, en la Bhagavad Gita hay una estrofa muy famosa en la que el Señor Krishna dice que, cuando es necesario, viene. Ahora bien, ¿qué considera Dios una necesidad? Probablemente todas esas personas que acuden a Santa Claus creen que tienen una gran necesidad que les gustaría que él satisficiera. La gente que acude a la Madre también cree que cualquier cosa que necesitan es una verdadera necesidad, muy urgente, y que la propia Diosa debe satisfacerla. ¿Pero qué es lo que Dios considera una necesidad? Bhagavan Krishna dice que cuando el *dharma* está en declive y el *adharma* aumenta, entonces, por lo que a Él respecta, hay una gran necesidad de que Él personalmente venga a este plano de existencia.

Esta es la estrofa:

"Siempre que decae el dharma y asciende la irreligión, Me manifiesto. Para la protección de los buenos, para la destrucción de los que hacen el mal, para el firme establecimiento del dharma, nazco en todas las edades."

¿Cómo nace? ¿Nace como cualquiera de nosotros? Nosotros nacemos inevitablemente en este mundo según los frutos de nuestras acciones pasadas, de nuestro *karma*. Bhagavan, Dios, no nace así en este mundo. Él mismo dice:

"Aunque soy no nacido, de naturaleza imperecedera, y aunque soy el Señor de todos lo seres, gobernando Mi propia naturaleza nazco por Mi propia maya."

Nace en este mundo por decisión propia, por compasión por las almas individuales y para levantar o elevar el dharma.

¿Por qué le gusta tanto el *dharma* a Dios? Debe de ser muy importante. Ni siquiera Sus mensajeros pueden realizar ese trabajo. Él mismo tiene que venir a elevar el *dharma*. ¿Por qué es tan importante el *dharma*? Bueno, la creación en sí misma es algo muy misterioso. Nadie sabe por qué está aquí. Las escrituras sólo dicen que antes de la creación sólo había un Ser, *Brahman*. Para los que no lo sepáis, Brahman viene de la palabra sánscrita *brihat*, que significa grande o inmenso. Ese inmenso Infinito, la Conciencia Universal, sólo Eso existía. Entonces pensó: "Me voy a convertir en muchos", y el universo empezó a existir. Así que este universo entero y todos nosotros sólo somos olas en el océano de Brahman. Las olas no son diferentes del océano, y no existen separadas de él. Pueden tener una apariencia individual —todos nosotros parecemos individuos—, pero en las profundidades todos somos uno con ese Océano de Inteligencia.

Así que después que la creación llega a ser, ¿qué hay que hacer? ¿Cuál es su finalidad? Bhagavan dice que el mundo es como una escuela. Cada vida es como una clase. Y la finalidad es licenciarte y obtener tu diploma de licenciado, que se llama *mukti*, la liberación, *moksha*, el conocimiento del Yo, la visión de Dios. Esa es la finalidad de la existencia. Eso es lo que nos está impulsando hacia adelante, la búsqueda de la felicidad, de la dicha, y nunca podremos alcanzar ese estado de perfecta satisfacción hasta que nos unamos con la Fuente, nuestra propia Fuente. Eso es Dios o el Yo. Todas las lecciones, todas las experiencias por las que pasamos en la vida tienen esa finalidad, llevarnos de vuelta a la Fuente. Y a veces las lecciones tienen que ser muy dolorosas porque tenemos muchas ilusiones. Siempre estamos percibiendo una ilusión, la ilusión cósmica, *Maya*. Tenemos que desilusionarnos para poder ir en la dirección correcta, de manera concentrada. Esta es la finalidad de las situaciones difíciles. Sirven para desilusionarnos y que podamos despertar del sueño de *Maya*.

Bhagavan, Dios, se preocupa por Su creación. No sabemos cómo llegó a existir, pero ahí está. Y el que la ha creado se preocupa por ella, como una madre se preocupa por su familia o sus hijos. Las escrituras, los sabios, los avatares, han cobrado existencia para mostrarnos el camino que lleva a la meta de la felicidad. Así que esa es la importancia del dharma, porque ese es el camino. No basta que nos sentemos a meditar, ni con los bhajans o el satsang. La vida espiritual tiene que ser en todos los momentos de nuestra vida, en todos los pensamientos, todas las palabras, todas las acciones. Después, cuando estemos en armonía con el dharma, nuestra mente estará en armonía con Dios y alcanzaremos la meta de la vida. Seremos felices. Cuanto más estemos en armonía con el dharma, más paz encontrará nuestra mente y nos llenaremos de dicha, o de la presencia de Dios. Así que hay que estudiar qué es el dharma. Lo sabemos por las escrituras, por los sabios, los santos y especialmente por la vida de los avatares y las almas que han conocido a Dios.

La Madre dice una cosa muy bonita al respecto, qué es lo que hace que Dios descienda, o una persona que ha conocido a Dios, ¿qué es lo que los hace bajar? El otro día alguien preguntaba: "Cristo era una persona conocedora de Dios, era un avatar. Cuando estaba en la cruz, clavado en la cruz, debe de haber sido sumamente doloroso, ¿no es así?"

Ya sabéis, ¿os habéis pinchado con un alfiler o una espina? Sólo un agujerito y tenéis mucho dolor. ¿Cuál habrá sido entonces su situación con clavos atravesándole las muñecas y los pies? En esa situación dijo:

"Oh, Padre, ¿por qué me has abandonado?"

Después de una vida entera de devoción, entrega, fe, ¿cómo salieron de su boca esas palabras en ese momento?

El lado humano de Dios

La Madre da la respuesta[1]:

"Hijos, cuando se logra el conocimiento, algunos seres se funden con la eternidad. Muy pocos de ellos vuelven a bajar. ¿A quién le gustaría bajar después de haber entrado en el Océano de Dicha? Para bajar de ese estado, ese estado desde el cual no hay retorno, es necesario tener algo a lo que agarrarse, un determinado pensamiento, un sankalpa. Sólo unos pocos que pueden hacer ese sankalpa de descender bajarán.

"Esa resolución mental es compasión, amor o servicio desinteresado a la humanidad sufriente. Si no quieres escuchar y responder a la llamada de esos sinceros buscadores, y el llanto de los que están sufriendo en el mundo, y si quieres permanecer en el estado impersonal y no quieres ser compasivo, está bien. Puedes quedarte allí.

"Cuando bajas, una cortina que puedes apartar en cualquier momento se coloca voluntariamente para que el funcionamiento en este mundo sea más fácil e ininterrumpido."

La Madre está hablando, por supuesto, desde su propia experiencia. Nunca ha leído ningún libro. Nunca ha conocido a ningún santo. Habla de su propia experiencia interior.

"Conscientemente no prestas atención alguna al otro lado de la cortina."

¿Qué lado? El lado de la unidad con Dios.

"Sin embargo, de vez en cuando vas al otro lado, pero te las arreglas para volver. El mero pensamiento o recuerdo del

---

[1] Las siguientes citas proceden de *¡Despertad, hijos!* 5

otro lado puede simplemente llevarte allí. Cuando bajas, representas bien el papel."

Esta es la respuesta a la pregunta sobre Cristo: "representas bien el papel."

"Cuando has descendido de la unidad con Dios, representas bien el papel. Vives y trabajas duro por la elevación de toda la humanidad. Tendrás problemas, obstáculos, situaciones difíciles. También tendrás que afrontar insultos, escándalos, calumnias; pero no te importa porque aunque exteriormente pareces como todos los demás, interiormente eres diferente, totalmente diferente. Por dentro eres una con la Verdad Suprema. Por eso, nada te toca, nada te afecta. Al haberte hecho una con la fuente misma de la energía, trabajas incansablemente, curando y aliviando las profundas heridas de los que acuden a ti. Das paz y felicidad a todos. Tu manera de vivir, tu renuncia, amor, compasión y desinterés inspiran a otros a querer experimentar lo que tú experimentas. Si no quieren ocuparse del mundo en absoluto, los compasivos y amorosos que descienden pueden también permanecer en ese estado no dual y fundirse en la Conciencia Suprema. En ese estado no hay ni amor ni falta de amor, ni compasión ni falta de compasión.
"Con el fin de expresar compasión y amor y realizar servicio desinteresado para inspirar a otros a experimentar esas cualidades divinas, hay que tener un cuerpo. Cuando se adopta un cuerpo, debe seguir su curso natural. El cuerpo del Mahatma es diferente al de una persona corriente. Si quiere, puede conservar el cuerpo tanto tiempo como le parezca sin que le afecten ni la enfermedad ni el sufrimiento. Pero conscientemente hace que el cuerpo tenga todas las

experiencias que tiene un ser humano corriente. ¡En eso estriba su grandeza!"

Viendo la vida de Cristo, o la vida de la Madre, algunas personas expresan esta duda:

"Si fueran divinos, si la Madre es divina, ¿por qué tiene que experimentar tanto sufrimiento? Incluso ahora, ¿por qué experimenta tanto sufrimiento?"

Es exactamente igual que cuando Cristo estaba en la cruz y los fariseos y saduceos venían y le decían: "¡Si eres el hijo de Dios, baja de la cruz!" No tiene nada que ver con conocer a Dios. El conocimiento de Dios consiste en identificarse con Dios en el interior, en que hay un lugar interior al que nada puede afectar, incluso el dolor y el sufrimiento intensos. Y ese lugar siempre está en calma, nunca cambia. Ese es el centro de su ser. Pero, como dice la Madre:

"Un alma que conoce a Dios le da el cuerpo al mundo, y éste sigue su curso natural. Pero se le puede hacer realizar cosas excepcionales. ¿No resultó Krishna herido durante la guerra del Mahabharata? ¿No luchó dieciocho veces con Jarasandha, el poderoso y cruel rey? Al final, abandonó diplomáticamente el campo de batalla. Podría haber matado a Jarasandha si hubiera querido, pero Krishna no quiso. Recordad, fue una flecha disparada por un cazador corriente la que acabó con la vida de Krishna en este mundo. Jesús fue ejecutado en la cruz. Ambos podían haber impedido los acontecimientos que acabaron con su cuerpo, pero dejaron que los acontecimientos siguieran su curso. Se dejaron llevar por la vida. Eligieron ser como eran y dejaron que se desarrollaran los acontecimientos.

"Estaban dispuestos a entregarse. Sin embargo, esto no quiere decir que el curso natural sea inevitable o ineludible para

ellos, como lo es para los seres humanos corrientes. No, eso no es así. Si hubieran querido, podrían haber evitado todas las experiencias amargas. Siendo omnipotentes, podrían haber destruido sin esfuerzo a los que se les opusieron; pero querían dar ejemplo. Querían mostrarle al mundo que se puede vivir con los valores más elevados de la vida aunque se experimenten todos los problemas que tiene un ser humano corriente. Pero recordad que, si surge una circunstancia en la que sea necesario para ellos romper una ley de la naturaleza, pueden hacerlo.”

Así que esto es lo que la Madre tiene que decir sobre la naturaleza de un alma realizada, que baja por compasión. Vive como un ser humano corriente en casi todos los sentidos. Si hace falta, puede ir más allá de las leyes de la naturaleza, como hizo Cristo muchas veces. Todos los milagros que llevó a cabo no eran precisamente acontecimientos comunes y corrientes. Y sus palabras "oh, Padre, ¿por qué me has abandonado?" quizás fueran para aquellos de nosotros que, con un gran dolor o sufrimiento, también pensamos eso, para que supiéramos que no es algo imperdonable. No está tan mal pensar así cuando estamos sufriendo una gran angustia. Hasta el propio Cristo lo dijo. Así que en ese momento mostró realmente su humanidad, su ser humano; no fue por debilidad. Estas palabras salieron de él por compasión. Porque, poco después de eso, ¿qué fue lo que dijo?

"Perdónalos, porque no saben lo que hacen.”

Así que no es que perdiera el control en ese momento. Todo es espontáneo e intencionado, podríamos decir, desde la Voluntad Divina. Todo lo que viene de una Persona Divina es por el bien de toda la humanidad.

Como la finalidad de un avatar es ofrecer sus enseñanzas al mundo, inspirar devoción a su personalidad como medio de conseguir devoción, pensé que podríamos leer algunas palabras de Cristo. Me sorprendió descubrir el año pasado que hay mucha gente que nunca ha leído nada del Nuevo Testamento. De hecho, yo tampoco había leído nunca el Nuevo Testamento hasta que fui a la India.

Palabras de Cristo

Todas y cada una de las palabras son una joya. Cada palabra es una enseñanza espiritual. Se puede decir que la joya de las joyas, los diamantes, son las enseñanzas que dio a sus discípulos. Porque está el público en general, luego están los devotos y después están los discípulos. Y los discípulos reciben la verdad sin diluir, destilada. Y hay muchas partes de la Biblia en las que está hablando a los discípulos.

Esta versión particular de la Biblia que estoy leyendo es una versión en un inglés muy estadounidense. Aquellos de vosotros que hayáis leído la versión del rey Jaime, no os escandalicéis o sorprendáis con esta versión. Es muy fácil de entender para todos.

Un día que las muchedumbres se estaban reuniendo, Cristo subió al monte con sus discípulos, se sentó y les enseñó:
—Los humildes son muy afortunados porque se les dará el Reino de los Cielos.

Ahora tenemos que aclarar algunos de los términos. En primer lugar "el Reino de los Cielos". En la vida espiritual significa la conciencia de Dios. No es un lugar lejano, en algún lugar de otro mundo o muchos, muchos millones y millones y billones de kilómetros más allá del universo físico. "El Reino de los Cielos", como dijo Cristo, "está dentro". Es un estado de conciencia. Cuando la mente se encuentra en completa calma, la realidad interior que ocultan los pensamientos empieza a brillar y sentimos que estamos en el cielo. Significa que estamos felices y en paz. Eso es el cielo. Y esto es lo que Cristo quiere decir cuando habla del "Reino de los Cielos".

También alude muchas veces al Padre: "Mi Padre me ha enviado", "el Padre y yo somos uno". Cuando dice el Padre, está hablando de la Conciencia Suprema, el Ser Absoluto, Satchitananda, el Océano de Conciencia, la Fuente de la Vida, nuestro Origen, el origen de toda nuestra conciencia, el origen del mundo. A eso se le llama el Padre. No es que el Padre sea un hombre, un gran hombre con barba, o sin barba, sino que el Padre es la Realidad, la Realidad impersonal.

Pero también es interesante señalar que la Madre, cuando iba a la escuela, cuando era niña —asistió a un colegio de monjas durante algunos años y solía sentarse en el cementerio entre las lápidas— dice que en ese momento muchas de las almas que habían abandonado sus cuerpos acudían a ella. Ella las consolaba, e iba a ver la imagen de Cristo en la capilla. Se quedaba allí de pie y decía: "Tú no has muerto. Yo sé que tú no has muerto." Y nos contó que cuando Cristo dice "el Padre" está hablando, por raro que parezca, de Shiva. La Madre creía que Cristo era devoto de Shiva. Igual que la Madre es devota de Devi y de Krishna —aunque una persona sea un Ser Divino, de alguna manera cuando viene a este mundo también tiene que tener un objeto de devoción, o para los demás o porque es algo innato en ellos— igual que para la Madre podríamos decir que Dios eran Krishna y Devi, la Madre creía que Shiva era el Señor de Cristo.

Bueno, hay muchas teorías que dicen que Cristo vino a la India durante "los años desconocidos". Ya sabéis que la Biblia no dice nada de lo que pasó después de que cumpliera doce años. No dice nada de dónde estuvo hasta que de repente reapareció cuando tenía unos treinta años de edad. Se han escrito muchos libros que dicen que fue a la India, al Tíbet, a Egipto, que fue a muchos lugares. En realidad no podemos probar nada concluyentemente; pero para mí la Madre es una autoridad. Habla desde su propia experiencia, y afirma que cuando él dice "Padre" se está refiriendo a Shiva.

> *"Los que están de luto son afortunados, porque serán consolados. Los mansos y los modestos son afortunados porque el mundo entero les pertenece. Felices son aquéllos que aspiran a ser justos y buenos porque ellos hallarán plena satisfacción. Felices son los bondadosos y los misericordiosos porque ellos recibirán misericordia. Felices los de corazón puro porque ellos verán a Dios."*

Estas son las palabras más importantes de toda la Biblia, el Antiguo Testamento, el Nuevo Testamento y toda la Biblia: si tenemos la mente pura, veremos a Dios. Si no vemos a Dios, todavía tenemos que purificar algo más la mente. ¿Qué significa pureza? La pureza es la ausencia de pensamientos. Cuantos más pensamientos hay, menos pureza tiene la mente. Por eso, la finalidad de la meditación –que es la finalidad de la vida espiritual– es reducir los pensamientos para que salga a la luz lo que es real.

> *"Felices los que luchan por la paz, porque a ellos los llamarán hijos de Dios. Felices los perseguidos por ser buenos, porque suyo es el Reino de los Cielos. Cuando os insulten y os persigan y mientan sobre vosotros por ser mis seguidores, ¡maravilloso! ¡Alegraos de ello! Estad muy contentos, porque os espera una gran recompensa. Y recordad que a los profetas antiguos también los persiguieron."*

Porque desgraciadamente el mundo no entiende el Espíritu; pero es Espíritu sí que entiende el mundo. Podríamos decir que esta es la esencia de lo que Cristo está diciendo aquí. Todas estas cualidades no son cualidades que quiera la gente del mundo. La gente del mundo no quiere estar de luto. No quiere ser mansa. No quiere perdonar, ser misericordiosa. Es un mundo agresivo. Es un mundo competitivo. Si no sales y coges lo que quieres, te dejan atrás. Ese es el principio del mundo. Ese es el principio de la ignorancia espiritual, *maya*. Ese no es el principio de la espiritualidad, no es el principio de las personas que conocen a Dios y a los *mahatmas*. Lo que Cristo está diciendo, esos son los principios espirituales. Son difíciles de practicar, especialmente viviendo en el mundo. Esa es la importancia del satsang y de leer las escrituras, para recibir las ideas correctas, porque el mundo no nos va a dar las ideas correctas.

"Unos pocos son la sal del mundo para volverlo tolerable."

Eso significa que los santos y los sabios hacen del mundo un buen lugar. De lo contrario no sería un lugar tan bueno.

"Si perdéis el sabor, ¿qué le pasará al mundo? Entonces vosotros mismos seréis arrojados y pisoteados. Vosotros sois la luz del mundo, una ciudad en una colina brillando en la noche para que todos la vean. No escondáis vuestra luz. Que brille para todos. Que vuestras buenas acciones resplandezcan para que todos las vean y alaben a vuestro Padre.
"No entendáis mal por qué he venido. No es para anular las leyes de Moisés y las advertencias de los profetas. No, he venido a cumplirlas y a hacer que todas ellas sean verdad. Os digo muy en serio que todas las leyes del libro permanecerán hasta que se logre su objetivo. Y por ello, si alguien quebranta el menor mandamiento y enseña a otros a hacerlo, será el último en el Reino de los Cielos. Pero los que enseñan

las leyes de Dios y las obedecen serán grandes en el Reino de los Cielos."

¿Qué está diciendo ahora? Que las personas espirituales son realmente "la sal de la tierra", son la esencia del mundo. Son los que hacen del mundo un lugar feliz. Ya sabéis, cuando venimos a ver a la Madre sentimos tal felicidad, una felicidad incomparable que no conseguimos con ningún medio materialista. Ese es el significado. En presencia de una persona espiritual hay una dicha excepcional, una felicidad que en absoluto puede obtenerse en el mundo. Son la sal, son la esencia del mundo. Y esas personas, como dice la Madre, no deben esconderse. Eso es exactamente lo que la Madre estaba diciendo en lo que estábamos leyendo antes. Que una persona así, que vuelve de la Conciencia Divina, debe ser compasiva, debe mezclarse con el mundo. ¡Ese es el verdadero mahatma!

"Bajo las leyes de Moisés, la regla era: 'Si matas, debes morir'. Pero yo he añadido algo a esa regla y os digo que sólo por enfadarte, aunque sea en tu propia casa, estás en peligro de ser juzgado. Si llamas idiota a tu amigo, estás en peligro de que te lleven ante el tribunal. Y si le maldices corres el peligro del fuego."

De modo que él va un paso más allá. Dice que no es en absoluto importante que una persona realice una acción física. Hasta las cosas pequeñas son importantes. Hasta las cosas que hacemos con la mente son importantes. Así que esta es una enseñanza espiritual. Está profundizando más; es más sutil.

"Si estás ante el altar del templo ofreciéndole un sacrificio a Dios y de repente recuerdas que un amigo tiene algo en tu

contra, deja el sacrificio allí, ve a pedirle perdón, reconcíliate
con él y después vuelve y ofrece tu sacrificio a Dios.
"Haz las paces rápidamente con tu enemigo antes de que
sea demasiado tarde y te lleve ante el tribunal.
"La ley de Moisés dice: 'Si un hombre le saca un ojo a otro,
debe pagar con su ojo. Si pierde un diente, sacadle el diente
al que lo hizo'; pero yo digo: 'No os resistáis a la violencia.
Si te golpean en una mejilla, pon la otra también. Si te
llevan ante el tribunal y te quitan la camisa, dales también
el abrigo. Si los militares te piden que les lleves sus cosas
durante un kilómetro, llévaselas dos. Da a los que piden y
no les des la espalda a los que te piden prestado.
"Hay un dicho: 'Ama a tus amigos y odia a tus enemigos';
pero yo digo: 'Amad a vuestros enemigos. Rezad por los que
os persiguen'. De ese modo estaréis actuando como verda-
deros hijos de Dios, porque Él derrama Su luz del sol sobre
el malo y el bueno y envía la lluvia sobre el justo y también
sobre el injusto. Si sólo amáis a los que os aman, ¿qué tiene
de bueno? ¡Hasta los sinvergüenzas hacen lo mismo! Si sólo
sois amistosos con vuestros amigos, ¿en qué os diferenciáis de
todos los demás? Pero vosotros tenéis que ser perfectos, como
vuestro Padre del Cielo es perfecto."

Esa es la meta, que tenemos que llegar a ser uno con Dios. Nada menos que eso. Tenemos que volvernos perfectos. Para la mayor parte de nosotros en nuestra situación actual es bastante inimaginable ser perfectos. "Sed perfectos" no significa que no cometamos pequeños errores cuando no entendemos las cosas. Perfecto significa que nuestra conducta, nuestros pensamientos, siempre estén de acuerdo con el *dharma*; que nuestra mente siempre esté perfectamente pura. Que sea clara como el cielo. Si queremos pensar, podemos pensar, pero no estamos a merced de la mente. Podemos desconectarla, o podemos usarla como queramos. En una mente así todo será perfecto. En esa mente brillará el conocimiento perfecto.

Namah Shivaya.

Satsang en el M.A. Center, 1994
Cinta 3, Cara A

La Navidad y el Cristo Místico – 2

"¡Tened cuidado! No hagáis vuestras buenas acciones públicamente para que os admiren, porque entonces perderéis la recompensa. Cuando le deis un regalo a un mendigo, no lo proclaméis tocando trompetas en el templo y en las calles para llamar la atención sobre vuestra caridad. Os digo muy en serio que los que hagan eso ya han recibido toda la recompensa que van a recibir. En cambio, cuando hagáis algo bondadoso a alguien hacedlo en secreto. Que la mano izquierda no sepa lo que hace la mano derecha. Y vuestro Padre, que conoce todos los secretos, os recompensará."

Todas estas son enseñanzas espirituales. De hecho, Cristo no dice nada más que palabras puramente espirituales. Algunas de las enseñanzas de Cristo hablan de la fe. Otras, de la devoción. Otras, de la renuncia. Otras, del amor. Aquí están algunas de sus palabras sobre la renuncia.

San Francisco de Asís se encuentra con el Papa

Muchos de vosotros habréis leído la vida de San Francisco de Asís. Era un auténtico seguidor del ideal de renuncia de Cristo.

Creía que, si iba a ser discípulo de Cristo, tenía que vivir exactamente como Cristo enseñó en las escrituras, en su vida, en sus palabras. Incluso hoy podríamos ser discípulos de Cristo. De hecho, se trata de eso: convertirse en discípulo de una persona conocedora de Dios, no sólo ser un devoto. De modo que era un verdadero discípulo de Cristo. Y, ¿qué es lo que hizo? Lo dejó todo y se entregó completamente a la voluntad de Dios. ¡Llevaba una vida tan sencilla! Sólo lo estrictamente indispensable: comida sencilla, la ropa más sencilla. Sencilla significa que era algo más que sencilla: ¡solía llevar puesto algo parecido a un saco de arpillera!

Hoy tuve que ir a un sitio y pasé cerca de un lugar donde la gente estaba de compras. Me sentí muy raro porque, cuando es Navidad, para mí significa pensar en Cristo y en la vida de renuncia. Sus discípulos iban caminando sin preocuparse de mañana o incluso de hoy, de qué comerían, dónde dormirían, qué se pondrían. Y aquí está toda esa gente corriendo de compras y todas esas cosas en los almacenes que es imposible que sean necesarias. Al ver eso tenía una sensación muy extraña.

Y San Francisco, que era un verdadero santo. La Madre tiene un programa todos los años en Asís, que es justo donde él vivía. Su presencia se sigue sintiendo, por haber vivido él allí hace cientos de años. Amma dice que él era auténtico. Es un comentario infrecuente en boca de la Madre. No suele decirlo a menudo. Mucha gente le pregunta a la Madre cosas sobre santos y sabios y ella sonríe o no dice nada. Pero es poco frecuente que la Madre diga realmente algo tan positivo, a no ser que la persona sea verdaderamente alguien poco frecuente.

Al parecer un día San Francisco de Asís fue a Roma. ¿Por qué? Porque había construido una iglesia con sus propias manos y con algunos de sus amigos y seguidores. El obispo local y la gente que estaba al frente de la iglesia de la ciudad se puso muy celosa. Fueron cuando él no estaba y quemaron la iglesia, y en el incendio murió uno de los discípulos compañeros de Francisco. Así que Francisco pensó que había hecho algo muy malo. Quizá la empresa entera de reconstruir la antigua iglesia, quizá incluso su renuncia y todo, quizá fuera un error porque uno de sus compañeros había muerto súbitamente así, de un modo poco normal. Así que decidió acudir al Papa. Pensó que el Papa debía ser el representante de Dios. Debía de saberlo todo. Ciertamente sería capaz de decirle si había hecho bien o mal. Fue allí.

¡Caminó mucho! No sé a qué distancia está Asís de Roma. ¿A cuánto está, alguien lo sabe? Es una larga distancia descalzo, con un saco de arpillera, mendigando la comida. No es como nosotros, que vamos en coche, a cien kilómetros por hora, y nos paramos en restaurantes y... esa es nuestra peregrinación. ¡No! En el frío, bajo la lluvia, descalzo... a veces no llega al pueblo siguiente, sin comida, dos días, tres días...

Llegó a Roma con varios de sus compañeros, y de alguna manera consiguieron una audiencia con el Papa, estos mendigos. Eran realmente mendigos, pero mendigos de Dios. Esos eran los discípulos de Cristo. Eran mendigos.

Entraron allí y vieron esta increíble magnificencia. ¿Ha estado alguno de vosotros en el Vaticano? Yo estuve allí cuando era un jovencito. ¡Es abrumador! ¡Qué grandiosidad! ¡Qué belleza! ¡Qué inmensidad! ¡Qué opulencia! Eso es lo que impresionó a San Francisco, esa opulencia. No le cabía en la cabeza. No podía creerlo porque no tenía nada que ver con Cristo.

Entró y miró a un lado y a otro. Y estaba todo el coro, y la música, y había cientos, miles de personas. Y el Papa estaba sentado en lo más alto de un trono. San Francisco empezó a leer una especie de petición que le había dado el que había organizado esta audiencia. Y todos lo miraban, se tapaban la nariz y pensaban: "¿Qué están haciendo aquí estos sucios mendigos? ¿Cómo han podido entrar?" El Papa también lo miraba con ojos escépticos.

¿Qué ocurrió? Que Francisco no pudo leer este documento tan elaborado. Lo tiró y empezó a citar las escrituras, las palabras de Cristo. Aquí están algunas de las palabras, que estábamos a punto de leer, pero que me recordaron la historia:

"No almacenéis tesoros aquí en la tierra donde pueden mermar o los pueden robar. Almacenadlos en el cielo, donde nunca perderán su valor y están a salvo de ladrones. ¡Si vuestros beneficios están en el cielo, también allí estará vuestro corazón!"

Así que se puso a hablar así. Y el Papa —creo que era el Papa Inocencio III, y de hecho algo de inocente tenía— esas palabras le traspasaron el corazón, ¡y bajó del trono! Cuando otros oyeron a Francisco hablar así, fueron corriendo hacia él y empezaron a gritarle:

—¡Qué insulto! ¿Por qué habla así? ¡Por qué habla así!

¡Estaba diciendo las palabras de Cristo! No se trataba de palabras de algún otro, o que él hubiera inventado, o que estuviera insultando, etc. El fundador de esta inmensa iglesia, ¡eran sus propias palabras! Bueno, no lo entendían. Lo prendieron y lo arrestaron. Todos los sacerdotes lo estaban sacando a empujones por la puerta, cuando el Papa dijo:

—¡Deteneos! ¡Traedlo aquí!

Lo llevaron dentro de nuevo, y el Papa se acercó y dijo:

—Yo era como tú cuando era joven. Quería sinceramente ver a Dios, vivir como Cristo había dicho a sus discípulos que vivieran. ¡Pero, no sé cómo, toda esta política me ha atrapado! Me alegro de ver tu inocencia.

¿Y qué es lo que hizo? Es un Papa de ochenta años frente a un joven mendigo de veinte. El Papa se arrodilló, puso la cabeza sobre los pies de Francisco y lloró. Y otra gente que había en la Iglesia pensaba: "Oh, Dios, ¿qué va a pasar?"

Y un hombre astuto dijo:

—¡No os preocupéis! El Papa sabe lo que está haciendo. Si muestra esta clase de respeto a este pobre hombre conseguirá que todos los pobres regresen a la Iglesia.

Por supuesto, esa no era la intención del Papa. No era tan retorcido. Era inocente. Entonces se levanto y, de mala gana, volvió a sentarse en su trono. San Francisco se fue y volvió a su pequeña iglesia de Asís.

> *"Si tu ojo es puro, el sol brillará en tu alma. Pero si tu ojo está nublado con malos pensamientos y deseos, vives en profunda oscuridad espiritual. Y, ¡oh, qué profunda puede llegar a ser esa oscuridad!"*

¿Mi ojo? ¿Qué quiere decir "si tu ojo es puro"? No "tu yo", sino "tu ojo", "si tu ojo es puro"[1]. Significa que sea cual sea la situación en la que se encuentre la mente, así es como ves las cosas por los ojos. Si tu mente está llena de Dios, lo ves todo como Dios. Un ladrón lo ve todo como una ocasión de robar, como algo para robar. Una buena persona lo ve todo como una ocasión de hacer el bien. Así que todo lo ves según tu actitud mental. Los ojos sólo son ventanas por las que todo entra en la mente, donde es interpretado, como unas gafas de sol. Si tienes gafas de sol verdes, todo es verde. Así que si tienes buenas cualidades en la mente, todo es bueno. ¿No hay un dicho parecido?

Yudhisthira era el hijo mayor de los Pandavas, los famosos Pandavas parientes de Sri Krishna. Decían que no había nacido nadie que pudiera hacer frente a Yudhisthira. No tenía enemigos. ¡Yudhisthira tenía muchos enemigos! De hecho, en esta guerra del Mahabharata donde mataron a millones de personas, toda esa...

---

[1] Aclaración necesaria en inglés, en que "ojo" (*eye*) y "yo" (*I*) se pronuncian igual. (N. del t.)

la mitad de esa gente, tres cuartos de esa gente eran enemigos de Yudhisthira. Todos querían acabar con él. Pero las escrituras dicen: "No tenía enemigos", porque, para él, nadie era su enemigo. Veía a todos como amigos. Como tenía la mente tan pura, nunca pensaba que nadie fuera su enemigo, así que no tenía enemigos. Era una persona inocente. A esto se le llama pureza mental o "un ojo puro". Una persona así siempre tiene la protección de Dios.

Sobre la renuncia y el hombre que no temía a los mosquitos

"No puedes servir a dos amos."

Esta es la enseñanza de Cristo sobre la renuncia. De eso es de lo que estamos hablando.

"No podéis servir a dos amos: Dios y el dinero. Porque odiaréis a uno y amaréis al otro, o al contrario. Así que mi consejo es: no os preocupéis por las cosas, la comida, la bebida, el vestido. Porque ya tenéis una vida y un cuerpo, y son mucho más importantes que la comida y el vestido. Mirad los pájaros. No se preocupan de qué van a comer. No necesitan sembrar, recoger o almacenar la comida, porque vuestro Padre los alimenta. Y vosotros sois mucho más valiosos que ellos para Él.

"¿Todas vuestras preocupaciones van a añadir un solo instante a vuestra vida? ¿Y por qué preocuparos por el vestido? Mirad los lirios del campo. No se preocupan por el suyo. Y, sin embargo, el rey Salomón en toda su gloria no se vestía tan bellamente como ellos. Y, si Dios se ocupa tan maravillosamente de unas flores que hoy están aquí y mañana se habrán ido, ¿no se va a ocupar con mayor seguridad de vosotros? ¡Hombres de poca fe!"

Así que no os preocupéis en absoluto de tener suficiente comida y vestido.

"¿Por qué ser como los paganos, que se enorgullecen de todas estas cosas y están profundamente preocupados por ellas? Pero vuestro Padre ya sabe perfectamente bien que las necesitáis y os las dará, si Le concedéis el primer lugar en vuestra vida y vivís como Él quiere que lo hagáis."

Esto no son sólo palabras. Estas palabras son la experiencia de todo renunciante sincero. Es muy difícil conseguir esa clase de ímpetu de renunciar y confiar en Dios. Pero todos los que lo han hecho han experimentado la protección de Dios.

Una vez conocí a una persona que lo había abandonado todo. Sólo tenía dos pedazos de tela, dos *dhotis*, pero uno de ellos era muy largo, de modo que con él podía envolverse también la parte superior del cuerpo. Y tenía otro para poder cambiárselo cuando se bañaba, y entonces podía lavar y secar el primero. Hizo voto de que nunca más iba a pedirle nada a nadie. Y se pasaba la vida caminando de un lugar sagrado a otro. La India está llena de lugares sagrados, llena de templos fundados por sabios y santos. Decidió que iba a pasar veinticinco años así, caminando de un lugar sagrado a otro. En cada lugar sagrado hacía sadhana, meditación, iba a los templos, asistía a las pujas. Y sufrió mucho. Iba caminando, ¡nunca montó en ningún vehículo durante veinticinco años! Subió hasta el Himalaya, donde hace frío de verdad. ¿Podéis imaginaros salir sólo con una camiseta y pantalones cortos, y dormir así fuera? ¿Durante cuánto tiempo? No sólo durante unas cuantas horas. ¡Veinticinco años!

Una vez estuve en la misma habitación que él, y de noche había muchos mosquitos en esa habitación. Bueno... yo nunca había visto mosquitos así.. ¡Cada uno era así de grande! Era como si estuvieran recitando los Vedas. ¿Habéis oído alguna vez cuando muchos brahmanes se reúnen y recitan los Vedas, o cuando cantan bhajans, lo fuerte que lo hacen? Así era el canto de los mosquitos. ¡Yo no podía soportarlo! Y me dieron una mosquitera. Me cubrí con la mosquitera y conseguí un poco de paz, excepto por dos o tres que se habían metido en la mosquitera y que me estaban volviendo loco. ¡Me estaba enfadando mucho! Los busqué con la linterna. Iba a acabar con ellos, con esos dos o tres mosquitos.

¿Y él qué hacía? Estaba tumbado fuera de la mosquitera sobre una tabla. Sin manta, sin almohada, sin nada. Yo tenía colchón, almohada, manta, de todo. Lo único que tenía él era la otra tela que se ponía. Sólo se tapó con ella, una tela fina de algodón, como una gasa. Eso era todo. ¡Y se durmió pacíficamente! Se lo debían de estar comiendo vivo. Pero no le importaba. Y después, alrededor de las dos de la mañana, se levantó. Estaba ahí sentado en medio de todos los mosquitos: "¡Ram! ¡Ram! ¡Ram! ¡Ram!", hasta las siete de la mañana. Cuando lo miré de cerca por la mañana pensé que estaría cubierto de sangre; pero no tenía ni una picadura de mosquito. Se había entregado tanto a la voluntad de Dios que Dios cuidaba de él. Nunca se murió de hambre. Seguía vivo veinticinco años después. Estaba delgado, pero delgado no quiere decir débil. Era muy fuerte.

Y cuando oía bhajans —esto era lo bonito—, cuando oía bhajans entraba en éxtasis. Se levantaba. No podía controlarse. Empezaba a bailar y a correr, a gritar, a chillar, a reír. Se caía al suelo, riéndose, porque había renunciado a pensar en nada excepto en Dios. Así que cuando oía bhajans, ahí se iba su mente. Se unía con Dios, y Dios es dicha. Dios no es ningún sujeto sombrío, ningún sujeto abstracto. Dios es la esencia de la dicha. De modo que eso es lo que le pasaba. Se sumergía en la dicha, en el éxtasis.

Cristo y el hombre rico

Así que cuanto más tenemos esa clase de fe, de dependencia, de renuncia de las cosas innecesarias... eso no significa que todos tengamos que andar por ahí en *dhotis* durante veinticinco años en los Estados Unidos, o algo parecido. Sino minimizar, no tener cosas innecesarias. ¿Cuántos pares extra de zapatos y de ropa y de esta cosa y de aquella tiene cada persona? ¡Es increíble! Sólo lo que sea necesario: eso es lo que hay que tener. Y regalad todo los demás. No lo necesitáis. Incluso el dinero. ¿Cuánto necesitáis? Quedaos con lo que necesitáis, y dad el resto. Esto es lo que decía Cristo cuando se le acercó el hombre rico. ¿Dónde están esas palabras?

"Alguien acudió a Jesús con esta pregunta: 'Buen maestro, ¿qué debo hacer para alcanzar la vida eterna?'"

Alguien llegó y dijo: "¿Qué debo hacer para lograr el conocimiento del Yo, la liberación, mukti?" No debería haber preguntado (*risas*). No le preguntes nada a una persona con el conocimiento de Dios si no estás preparado para la respuesta. De verdad, en serio. Es mejor no preguntar si no vais a seguir el consejo.

—¿Qué tengo que hacer para alcanzar la vida eterna?

Pensaba que iba a ser algo muy sencillo: ve y medita cinco minutos, come comida vegetariana, algo así. ¿Qué es lo que dice Cristo?

—Cuando me llamas bueno (había dicho "buen maestro", ¿no?), me estás llamando Dios. Porque sólo Dios es verdaderamente bueno. Pero respondiendo a tu pregunta: puedes ir al cielo si cumples los mandamientos.
—¿Cuáles? —preguntó el hombre.
Jesús respondió:

—No matar, no cometer adulterio, no robar, no mentir, honrar a tu padre y a tu madre, y amar a tu prójimo como a ti mismo
—Siempre los he obedecido todos —respondió el joven—. ¿Qué más debo hacer?

Así que ya había hecho todo eso y aún no había alcanzado la vida eterna. ¿Qué estaba haciendo mal?

Jesús le dijo (allá va):
—Si quieres ser perfecto, ve y vende todo lo que tienes, dale el dinero a los pobres y tendrás un tesoro en el Cielo. Y ven y sígueme.
Pero cuando el joven oyó esto, se fue, triste, porque era muy rico. Entonces Jesús les dijo a sus discípulos:
—Es casi imposible que un rico entre en el Reino de los Cielos.

No es que allí haya alguien de pie en la puerta diciendo: "¿Eres rico? No puedes entrar. Aquí sólo admitimos gente pobre. Es justo al revés que en la tierra." No. Significa que si la mente está ocupada en cosas terrenas, ¿cómo vas a pensar en Dios?

O, si lo tomamos desde el punto de vista del *jnana*, el camino del conocimiento, si tu mente siempre está inclinada hacia el exterior, ¿cómo puedes hacer que permanezca en el Yo? ¿Cómo puedes tener esa mente silenciosa que refleja la luz del Yo? Así que una persona que sea rica, el noventa y nueve por ciento de la gente que es rica, es rica porque quiere ser rica. Así que tiene la mente ocupada con eso. Entonces, ¿cómo van a pensar en Dios a la vez? Por supuesto, habrá un grupo fuera de lo común, un uno por ciento quizá, que tenga mucho dinero porque ese era su destino, es algo que sucedió, pero que no esté apegado a él. No calculan. Sólo gastan según lo que necesitan. Y podrían levantarse y dejarlo todo en un minuto, y no volver a pensar en ello ni un segundo, no darse nunca la vuelta y mirar hacia atrás. Por eso dice que para ellos es casi imposible entrar en el Reino de los Cielos. En otras palabras, es imposible para ellos meditar de un modo realmente profundo.

"Os digo otra vez: es más fácil que un camello entre por el ojo de una aguja que un rico en el Reino de Dios."

Esta observación confundió a los discípulos, ¡incluso a los discípulos! No es que fueran ricos. Simplemente pensaron: "¿Qué está diciendo? ¡Eso significa que nadie que tenga algo de dinero puede obtener la conciencia de Dios!" No creo que ellos mismos estuvieran pensando en términos de conciencia de Dios. Sólo más adelante. Pero dijeron:

—Entonces, ¿quién del mundo puede salvarse? —preguntaron. Jesús los miró fijamente y dijo: —Humanamente hablando, nadie. Pero con Dios, todo es posible.

Así que, por la gracia de Dios, incluso alguien que esté muy apegado a la riqueza puede conocerlo. ¡Nada es imposible! De hecho, por nuestros propios esfuerzos no vamos a conocer a Dios. Pero tenemos que hacer todo el esfuerzo posible y dejar lo demás en manos de Dios.

Las palabras más importantes de Cristo

¿Hay alguien aquí que no conozca la historia de la vida de Cristo? En pocas palabras, después de hablar a los discípulos y hacer distintos milagros para infundir fe a la gente, se dedicó a destruir a los malvados. Este era uno de sus objetivos: purificar la sociedad. No les hacía nada más que destruir el mal que había en ellos, para que el niño que tenían dentro, el niño divino, el niño inocente que había en ellos, pudiera brillar, como lo hace en la Madre. En aquellos días los fariseos y los saduceos, los sacerdotes, se suponía que eran las personas que debían enseñar a la gente la manera de conocer a Dios, el camino hacia Dios. Pero no se preocupaban ni de eso ni de ninguna otra cosa verdaderamente religiosa. Se ocupaban más de los negocios. Esto es lo que dice Cristo:

"¡Habéis convertido este templo en un mercado!"

Entró allí y empezó a derribar cosas a derecha e izquierda. Dijo:

"¡Esto es una cueva de ladrones!"

¡Y en aquellos días todo eso lo llevaban los sacerdotes! Toda esta gente, como en ellos no había nada de verdad, no podía aceptar sus palabras, y acabaron conspirando contra él y lo llevaron al tribunal. Fue juzgado, condenado y ejecutado. Fue crucificado.

Al parecer, mucho antes de esto había habido mahatmas en Israel que habían predicho en distintas épocas que iban a suceder cosas así. Dijeron que iba a llegar alguien, un avatar. Lo llamaban el Mesías. Y que sería el resultado de todos los años, de toda la vida espiritual y la vida religiosa y la vida dhármica de toda la gente anterior a su nacimiento. Todo lo que iba a suceder ya estaba dicho, incluso las palabras que pronunciaría. Y cuando le preguntaron "¿Eres tú ese?", él respondió: "Lo soy."

Incluso eso no podían tragarlo, no podían aceptarlo. Por eso acabó crucificado. Y al final dijo:

"Padre, perdónalos porque no saben lo que hacen."

La Madre dice que esta tiene que ser nuestra actitud, que tenemos que adquirir esas cualidades. Incluso ellos tenían el poder de rectificar la situación. Tenían el poder de protegerse; pero no lo hicieron. Al contrario, insistieron en el perdón, la misericordia, la compasión.

Así que lo último que Cristo dijo fue realmente lo mejor que podía decir. Realmente era lo que tenía que decir. Y es lo que tenemos que recordar porque no sólo es cierto de Cristo; es cierto de cualquier avatar, de cualquier ser divino. Es lo que nos da fuerza para seguir. Es lo que nos reconforta, lo que nos consuela y nos da la fe de que, pase lo que pase, nuestro avatar, nuestro Dios, está con nosotros.

Después de muerto, tres días después, resucitó su cuerpo. Lo hizo volver a la vida. Eso es un juego de niños para una persona así. Fue a ver a sus discípulos, a sus hijos, y habló con ellos. Y, justo antes de dejarlos, esto es lo que dijo:

"Estad seguros de esto: de que estaré con vosotros siempre hasta el fin del mundo."

Namah Shivaya.

Satsang en el M. A. Center, 1994
Cinta 3 – Cara B

El desapego – I

Hemos estado leyendo la canción "Omkara Dviya Porule" de la Madre, que trata de la filosofía *Vedanta* o *Advaita*, es decir, que tú eres el *Atma*, tú no eres el cuerpo, que el cuerpo muere pero tú no y que la dicha que buscas todo el tiempo, todos los días, en cada instante de tu vida, no está fuera de ti sino que es ese *Atma*, tu verdadero Yo.

La Madre no ha escrito estas estrofas ella misma, pero es más o menos lo que ha dicho, sus enseñanzas, y uno de los *brahmacharis* las escribió en forma de canción.

Hay una estrofa que comentamos la última vez. La voy a leer:

Tyagam manassil varanyal kurum tapam varum maya-mulam
A satiraikiloklesam varum sarva nasam varum buvil arkum

Esto significa que, si la mente carece de renuncia, a uno le sobrevendrá un gran sufrimiento por medio de *maya*, la ilusión. Si no se desarraiga el deseo, la aflicción viene después, lo que culminará en la completa perdición de cualquiera en este mundo.

La historia de Bhartrihari

Cuando estábamos explicando esta estrofa, os conté la historia de un mahatma llamado Bhartrihari, que era un rey. Era un gran devoto, pero era rey. No era un monje o un renunciante. Un sabio vino a verlo y le dio una fruta, diciéndole:

—Si comes esta fruta, te volverás inmortal, o vivirás mucho tiempo.

Entonces el rey le dio la fruta a la reina que era su favorita, y al final la fruta volvió a él después de haber pasado muchas veces de mano en mano como regalo. La reina se la dio a su novio. Su novio se la dio a su novia. Su novia se la dio a su otro novio. Así siguió y al final acabó en manos de alguien en algún lugar de la ciudad. A esa persona le pareció que no era digno de ella, y que el rey era la persona más merecedora de esta maravillosa fruta. Y se la llevó al rey. El rey siguió toda la pista de la fruta y descubrió que la reina no le era fiel.

Este descubrimiento, que lo que pensaba que él más quería —es decir, su esposa— ni siquiera le era fiel, que su supuesto amor era tan superficial, eso le despertó del sueño de *maya*. Empezó a pensar en cosas más serias. Decidió dejar el mundo en el que llevaba toda la vida persiguiendo sueños. Se convirtió en un *sannyasi*, en un monje, y se fue a una cueva, creo que en algún lugar de Bihar. Hizo tapas el resto de su vida. Y escribió cien estrofas sobre la renuncia.

Se llaman el *Vairagya Satakam* y están en sánscrito. Es magnífico. Probablemente no se haya escrito ningún libro como este sobre el desapego o la renuncia. Lo más cercano que se puede decir que hay en la literatura tradicional es el *Bhajagovindam* de Sankaracharya, que también trata del mismo asunto de la transitoriedad del mundo, la naturaleza ilusoria de la felicidad mundana y la grandeza del conocimiento del Yo.

Así que vamos a leer algunas de las estrofas del *Vairagya Satakam*, porque no se apartan en absoluto de la enseñanza de la Madre. Podríamos decir que es un desarrollo.

¿Por qué insiste tanto la Madre en la renuncia? Como ya hemos dicho muchísimas veces, renunciar no significa hacerse sannyasi e irse a los bosques o vivir en un ashram haciendo tapas. Todo el mundo tiene que practicar una cierta cantidad de renuncia, incluso en la vida diaria.

Suponed que venís a casa de la escuela. Mañana tenéis un examen, una prueba, pero la mente dice: "Quiero ver la tele." El intelecto dice: "No, no, tengo que hacer los deberes o voy a suspender el examen." ¿Qué es lo que vas a hacer? ¿Vas a hacer lo que dicen la mente y los sentidos o vas a hacer lo que dice el intelecto? Ashok, ¿vas a ir corriendo a los juegos de ordenador o vas a estudiar?

–Voy a trabajar en el ordenador.

–De acuerdo. ¿Por qué?

–Porque si no suspenderé el examen.

–Correcto. Y si suspendes el examen eso te va a suponer un gran problema. Así que apartas el placer temporal y buscas el progreso a largo plazo, la mejora. ¿Verdad? A eso se le llama renuncia.

Todos lo hacemos.

Cualquiera que esté haciendo algo en este mundo, si quiere tener éxito, también tiene que ejercer una cierta cantidad de control de la mente y los sentidos, porque el errar de un lado a otro está en la propia naturaleza de la mente y los sentidos. Es natural que sintamos que la felicidad se halla fuera, en los objetos de los sentidos, esa es la experiencia de todos; pero si sólo dejamos que los sentidos corran salvajemente y que hagan lo que quieran, eso simplemente nos destruirá. No tendremos concentración. No seremos capaces de hacer nada. Acabaremos en un abismo. Las *upanishads* ponen el ejemplo de una persona que conduce una carroza y empuña las riendas del caballo. Si simplemente sueltas las riendas y dejas correr al caballo, ¿qué es lo que va a pasar? Que acabará en el abismo. Entonces vas a resultar herido. Así que tienes que aprender a empuñar las riendas y controlar los caballos. Nuestros sentidos son exactamente así. Si no aprendemos eso, tenemos que sufrir. No importa quién seamos. No podemos decir: "No lo sabía."

Es igual que el fuego. Suponed que hay una estufa de gas encendida, y que no sabes lo que es el fuego. Nunca lo has visto. Eres muy pequeño, sólo tienes un año o por ahí. Dices: "¡Oh, qué bonito es, qué lindo!" Y metes el dedo. ¿Qué es lo que va a pasar? Que te vas a quemar. No se le puede decir al fuego: "Sólo soy una niña pequeña. No sabía que me ibas a quemar. No deberías haberme quemado." ¿Puedes decirle eso? Puedes decirlo; pero el fuego no se va a preocupar por ti. Las leyes de la naturaleza son de tal manera que no les preocupa quién vaya en su contra. No les importa lo inocente que seas o lo ignorante que seas. Esas son las leyes. Así que los sentidos no se preocupan nada por nosotros, tienen su propia naturaleza, la mente tiene su propia naturaleza. Pero nosotros, el alma, el *Atman*, tenemos que aprender a controlarlos si queremos llevar una existencia pacífica, si queremos llevar una vida apropiada, no una vida dispersa.

La Madre dice que este autocontrol puede llevarse hasta el extremo, que la mente puede llegar a estar tan controlada y tan en calma que podemos alcanzar el estado de conocimiento del Yo. Ese es el criterio para conocer la presencia de Dios si lo consideras desde el punto de vista de la *bhakti*, de la devoción. O si quieres experimentar quién eres, que en realidad eres el *Atman* inmortal y no el cuerpo, entonces también la mente tiene que calmarse por completo para que la experiencia pueda producirse. Hay que poner freno a esta tendencia de la mente hacia el exterior, tanto para el progreso mundano como para el conocimiento espiritual.

La historia de Parikshit y el Srimad Bhagavatam

Muchos de vosotros quizás hayáis leído el *Srimad Bhagavatam*. Contiene muchas historias de la vida de Sri Krishna y muchas de las encarnaciones del Señor Vishnu, las vidas de muchos devotos del Señor Vishnu, de muchos reyes. Es una historia. Contiene muchas lecciones. Se la cuentan a un rey llamado Parikshit que iba a morir al cabo de una semana. Tenía siete días de vida. Supo que siete días después iba a morir. Su destino era que una serpiente muy venenosa iba a picarlo e inevitablemente iba a morir. Cuando conoció la noticia, vio la vida de un modo totalmente distinto. Hasta entonces se lo estaba pasando muy bien. Era un buen rey, pero sólo estaba pasándoselo bien, como todos intentan hacer en el mundo; pero cuando oyó que con certeza, inevitablemente, iba a morir al cabo de una semana, todo cambió. Comprendió: "¿Para qué sirve todo lo que he hecho en la vida? ¿Para qué sirven mi reino, mi familia, mi riqueza, mi prestigio, mi todo, mi salud? Todo se va a ir por el desagüe en una semana. ¿No hay algo más duradero que esto?"

Como era una persona espiritual, sabía que había algo que merecía más la pena que las cosas pasajeras del mundo: el Yo, el *Atman*, la visión de Dios. Así que se sentó al lado del río Ganges y se puso a meditar. ¿Por qué? ¿Sabéis por qué meditamos? Porque nuestra mente está tan inquieta que tenemos que calmarla de algún modo para obtener la visión interior. Uno de los procesos para lograrlo es la meditación. Cuando se llega a esa etapa en la que quieres ver lo que hay dentro de ti, quieres experimentar paz, entonces te parece que el mundo sensible pasa a ser una gran distracción para ti. Muchas personas llegan a esa etapa. A partir de entonces, ¿qué es lo que hacen? Aprenden las prácticas espirituales. Empiezas a sentir la tensión que los sentidos te están creando. Los cinco están corriendo en cinco direcciones distintas. Siempre quieren estímulo y satisfacción. Algunas personas, tras haber experimentado todo lo que querían a través de los sentidos y sin haber logrado la satisfacción de ese modo, comprenden: "¡Qué cosa más terrible! ¡Mis sentidos me están haciendo pedazos! Aunque no quiero, ellos insisten." A eso se le llama vasana.

La Madre da un ejemplo de lo que significa vasana. Tomamos una decisión: "No voy a hacer eso nunca más", y luego el viejo hábito nos hace repetirlo de nuevo. Pone el ejemplo del perro y el chacal. Siempre que pasaba el chacal, el perro se ponía a ladrar. Entonces el perro decidió: "No voy a seguir perdiendo el tiempo así. ¿Para qué voy a ladrarle al chacal?" Cuando el chacal volvió a pasar, por supuesto, el perro se puso a ladrar otra vez.

O el gato; ella pone otro bonito ejemplo sobre el gato que quería aprender a leer y escribir. ¿Habéis oído hablar de ese gato? ¿No? Había un gato que se hartó de cazar ratones. Se dijo: "Tiene que haber una manera mejor de ganarse la vida que estar siempre corriendo detrás de los ratones. ¿Y si aprendiera a leer y a escribir? Probablemente podría conseguir un empleo, temporal, por supuesto." Así que el gato se apuntó a un curso por correspondencia y le enviaron un libro. Se quedaba por la noche con una vela y estudiaba las lecciones. Todo fue bien durante una semana más o menos. Entonces, una noche, un ratón pasó corriendo a su lado. El gato tiró la vela, fue corriendo detrás del ratón y olvidó todas las lecciones. Eso es la vasana. Tomamos una decisión: "No voy a hacer esto nunca más, sea lo que sea." Entonces, cuando se nos presenta la situación, volvemos a hacerlo. Eso es la vasana. Esta es otra razón para intentar cultivar el autocontrol y la renuncia, para no tener que bailar al son que nos tocan nuestros sentidos y nuestros hábitos.

Así que este rey estaba intentando meditar, pero no podía. Cuando tienes un gran anhelo del estado de paz interior, por cualquier causa —o porque has sufrido mucho, o porque has vislumbrado algún estado espiritual, o porque has conocido a un mahatma como la Madre– sea cual sea la razón, cuando realmente lo anhelas, entonces llega tu maestro. Ni siquiera tienes que buscar un maestro o un guru. Sucede. Ese encuentro tiene que suceder. Esa es la ley de la naturaleza, la ley espiritual.

Cuando Parikshit estaba ahí sentado esforzándose y meditando, llegó Suka, que era un gran alma realizada. No sólo él: muchos mahatmas vinieron con él. Iba a iniciar a Parikshit de una manera muy excepcional: le contó una larga historia. Tardó siete días en contar la historia. Era el *Srimad Bhagavatam*. Y, justo al final, Suka dice: "He contado todo esto sobre la naturaleza del universo, y qué es la vida espiritual, y la devoción, y la meditación, y la sabiduría, y el desapego y todo eso sólo por una razón: sólo para que consigas un sentimiento de ecuanimidad hacia los objetos sensibles. Porque sólo si eso surge en ti serás capaz de experimentar la paz y la dicha de tu alma, el Atman."

Gracias a una mezcla de devoción –porque había oído todas estas historias sobre la vida de Krishna y todos los avatares de Vishnu– y gracias a la inminencia de la muerte –que le hacía tomárselo en serio– y gracias a la revelación de la naturaleza del mundo por las palabras de Suka, finalmente cerró los ojos después de siete días de oír el *Bhagavatam* y rasgó el velo de la ilusión. Esto quiere decir que la mente se le paró completamente, se detuvo. En esa mente inmóvil se vio a sí mismo, a su verdadero Yo. Perdió toda la conciencia del cuerpo, la conciencia del mundo. Si no eres consciente del cuerpo, tampoco eres consciente del mundo. Igual que al dormir, si pierdes la conciencia del cuerpo tampoco hay mundo para ti. Perdió toda la conciencia exterior, pero interiormente era plenamente consciente de su verdadero Yo. En ese estado, la serpiente vino, le mordió y su cuerpo murió. Pero estaba unido para siempre con la dicha del Atman.

Palabras de Bhartrihari sobre el deseo y la renuncia

La renuncia –en el sentido de ser capaz de desconectar la mente, de desconectar los sentidos y de permanecer completamente inmóvil, intentando obtener la visión interior– es muy necesaria. Esto lo logramos por medio del satsang, por medio de la presencia de una persona como la Madre, o mediante las historias de las escrituras. Así que este *Vairagya Satakam* se escribió con esa finalidad. Por supuesto, Bhartrihari debe haberlo escrito a partir de su propia experiencia, pero también lo escribió por el bien de los demás.

Vamos a leer todo lo que podamos en el tiempo que tenemos.

"Toda la gloria a Shiva, la Luz del Conocimiento, que reside en el templo del corazón del yogui, que destruye, como el sol naciente, la inmensa fachada de la inacabable noche de la ignorancia que nubla la mente humana, que deja a su paso todo lo que es feliz y próspero, que quemó a Cupido, como en broma, como a una polilla, y que aparece radiante con los rayos de la luna creciente adornado Su frente."

La *ishta devata* de Bhartrihari, su dios, era el Señor Shiva, así que está iniciando su obra con una oración a Shiva. Está alabando a Shiva. No voy a leer todas las estrofas. Tiene cien estrofas, y sólo voy a leer unas treinta.

"Los placeres mundanos no han sido disfrutados por nosotros, sino que nosotros mismos hemos sido devorados."

¿Habéis comido alguna vez demasiado? La comida parecía tan deliciosa... La disfrutasteis, pero no podíais dejar de comerla. ¿Qué sucedió? Lo que empezó como un placer acabó como dolor. ¿Verdad? Acabó como un dolor de estómago. Eso es lo que hacen los sentidos. La moderación está bien, pero si no controlas el acelerador, por así decirlo, en lugar de comértelos a ellos, ellos te comerán a ti.

"No hemos realizado austeridades religiosas, pero nosotros mismos nos hemos quemado. El tiempo no se ha ido, somos nosotros los que nos vamos por la cercanía de la muerte. La fuerza del deseo no se ha reducido, aunque nosotros nos hemos visto reducidos a la senilidad."

Así que la Madre dice que el deseo —por vieja que sea la persona, puede tener cien años—, el deseo siempre tiene dieciséis años. Sólo porque veas a una persona vieja, no creas que no tiene deseos. Sus deseos son tan fuertes como a los dieciséis años.

"La cara está llena de arrugas. La cabeza se ha pintado de blanco con las canas. Los miembros se han debilitado, pero sólo el deseo se rejuvenece."

El cuerpo se está desmoronando, pero el deseo no se debilita en absoluto, porque no puede; esa es su naturaleza. Si no haces nada al respecto, no se va a debilitar con la edad. No penséis esto: "Oh, cuando tenga ochenta años voy a acabar con todo esto, voy a meditar y voy a ir a un ashram." No penséis así. El deseo no se va a detener, y es el deseo el que hace que la mente y los sentidos estén inquietos; pero no es algo tan abstracto como podríamos creer. Aunque no tenga forma, sabemos lo que es. Por lo menos sabemos lo que hace. Es eso, esa fuerza, que hace que la mente corra hacia el exterior.

"Aunque mis amigos, tan queridos como mi vida, han volado todos con tanta rapidez al cielo," (es decir: mis amigos se han muerto) "aunque el impulso de disfrutar se ha agotado y he perdido el respeto de todas las personas, aunque tengo la vista obstruida por las cataratas y el cuerpo sólo puede

levantarse despacio y con un bastón, aun así —¡lástima de estupidez!— este cuerpo se asusta del pensamiento de la disolución en la muerte."

Así que, aunque me esté desmoronando, todos mis amigos hayan muerto, mi cuerpo se esté cayendo a pedazos y sea tan viejo que apenas me puedo levantar con un bastón, cuando pienso en la muerte, tiemblo.

"La esperanza es como un río que fluye, cuyas aguas son los incesantes deseos. Ruge con las olas del ansia; los apegos a diversos objetos son sus animales de presa. Las maquinaciones son las aves, y en su curso destruye los grandes árboles de la paciencia y la fortaleza. Lo vuelven infranqueable remolinos de ignorancia de gran profundidad. Tal como es, sus orillas de angustiadas deliberaciones son verdaderamente escarpadas. Ese río lo cruzan los grandes yoguis de mente pura para disfrutar de la dicha suprema."

La esperanza. Esto significa que, cuando tenemos un deseo, lo que viene a continuación es la esperanza de que seremos capaces de satisfacer el deseo. Todo esto es obra de *maya*. Eso es lo que dicen las escrituras y eso es lo que dice la Madre. Toda esta idea de que vamos a ser permanentemente felices por una u otra cosa exterior a nosotros se debe a la ilusión cósmica llamada maya. Toda nuestra vida espiritual sólo intenta trascender la fuerza de maya. Si quieres disparar hacia el cielo y quieres superar la fuerza de gravedad, ¿qué es lo que tienes que hacer? Si te quedas sentado, no va a desaparecer sola. Supón que quieres volar. ¿Qué tienes que hacer? Tienes que ir en avión. ¿Por qué un avión? Supón que quieres ir más allá del aire. ¿Qué es lo que necesitas entonces? Una nave espacial. ¿Qué es lo que hace la nave espacial? Tiene que ir a una determinada velocidad, ¿no? Entonces, cuando alcanza una determinada velocidad de escape, se libera de... ¿cómo se llama esa fuerza? La gravedad, sí. Así que puedes quedarte sentado en la tierra para siempre. La gravedad no te va a soltar. Esa es su naturaleza. Del mismo modo, maya tampoco nos va a soltar nunca. No es que sea cruel o que sea malvada o que se trate de una broma pesada. Es simplemente su naturaleza, igual que el fuego. El fuego no es cruel. Tiene su finalidad. ¿Os imagináis que no hubiera gravedad? ¿Qué pasaría? Todos estaríamos flotando por la habitación. Estaríamos chocando unos con otros y pasarían toda clase de cosas. La gravedad es necesaria. Pero, si por alguna razón queremos ir más allá de ella, necesitamos la velocidad de escape. Tenemos que llegar a un determinado punto en el que estemos libres de ella. Entonces todo es caída libre o vuelo libre.

Si queremos escapar de la fuerza de maya, si no queremos bailar al son de lo que los sentidos nos están diciendo siempre, si queremos ser libres de la ilusión de que la felicidad es posible por medio de algo temporal, tenemos que luchar. Tenemos que luchar cuanto sea necesario hasta que hayamos escapado de la fuerza de maya. A eso se le llama *moksha* o liberación o conocimiento del Yo. ¿Cuánto tenemos que luchar? ¿Con qué frecuencia tenemos que luchar? Es como decir: "¿Con qué frecuencia tengo que volar para ir más allá de la gravedad?" Hay que volar hasta que estés más allá de la gravedad.

Esta es la importancia del esfuerzo constante, de recordarse estas cosas constantemente, en la vida espiritual. Por eso es por lo que, aunque vengáis aquí todas las semanas, repito las mismas cosas una y otra y otra vez. No es que yo haya trascendido maya. También es para mí. Me estoy refrescando la memoria. Cada vez que leo algo así, cada vez que me oigo diciéndolo, esto me despierta a la verdad de que maya siempre está intentando hacerme caer y de que tengo que intentar despertar. Así que estas cosas nos sacuden, nos despiertan, que el cuerpo va a morir. Aunque esté envejeciendo, los deseos no disminuyen. No he sido feliz, haya hecho lo que haya hecho en este mundo. Cualquier paz o dicha que haya conseguido sólo ha sido cuando he mejorado mi meditación o mi autocontrol. Y este es el medio: estas palabras.

"Los objetos que poseemos, incluso después de estar con nosotros durante largo tiempo, sin duda nos dejarán en algún momento. Entonces, ¿qué más les da a los hombres privarse de ellos de este modo, que no quieren deshacerse de ellos por sí mismos?"

El otro día hablábamos de esto. Existe este dicho de que "no puedes llevártelo contigo." Bueno, hay una manera de que te lo puedas llevar. ¿Cómo te lo puedes llevar? ¿Conocéis el dicho? "No puedes llevártelo contigo." Ashok, ¿lo conoces? ¿No? Significa que, cuando te mueras, no te podrás llevar nada. Lo dejarás todo aquí. Así que, ¿cómo puedes llevártelo contigo? Hay un modo de llevártelo. ¿Sabes cómo llevártelo?

—El conocimiento de Dios.

—Por supuesto, eso es lo más elevado; pero incluso antes de obtener el conocimiento de Dios. Es un secreto. Es un truco. Es algo muy secreto. Si quieres llevarte algo contigo, suponte que quieres llevarte mil dólares. ¡No, no estoy bromeando! Tienes mil dólares y quieres llevártelos contigo. Lo que debes hacer es dárselos a alguien. Dalos, porque cualquier cosa que des, eso es lo que te vas a llevar contigo. ¿Tiene sentido? Porque esa es la ley del *karma*: cualquier cosa que hagas vuelve a ti. La única manera de llevarte cosas contigo es dándolas. Entonces, en el momento adecuado, estarán allí para ti. Extraño, ¿verdad? Pero así es.

Así que lo que está diciendo aquí es que, aunque sabemos que no podemos retener los objetos que poseemos, que o bien nos van a dejar a nosotros o nosotros vamos a dejarlos a ellos, ¿por qué no podemos darlos antes de eso? Si los objetos que producen placer nos dejan por su propia iniciativa, si se apartan de nosotros, nos producen una gran aflicción mental. Suponed que alguien os roba algo, o suponed que se produce un desastre en vuestro negocio, algo se ha perdido, se ha perdido todo, os sentís fatal; pero no sería lo mismo si lo hubierais dado. Entonces os sentís felices. Si se renuncia voluntariamente a estos objetos, nos conducen a la dicha eterna del conocimiento del Yo. No es que des para recibir, esa no es la idea. Ese no es el principio que estamos intentando aprender ahora. Eso es un negocio. Pero, si das, no quieres conseguir más, y eres feliz. Es el querer conseguir, el deseo, lo que nos hace desgraciados, nos hace malos, nos intranquiliza. Cuando no se quiere conseguir más y sólo se quiere dar, lo que se consigue es algo muy diferente de lo que das. Consigues el estado de paz. Nada más puede darlo excepto la renuncia.

"Benditos son los que viven en cuevas de montaña meditando en Brahman, la Luz Suprema, mientras pájaros carentes de temor se posan en sus rodillas y beben las lágrimas de dicha que aquellos derraman al meditar. Mientras tanto nuestra vida mengua rápidamente en la excitación de las fiestas en mansiones palaciegas, o en las orillas de estanques refrescantes, o en jardines de placer, todos creados y recreados sólo por la imaginación."

Así que benditos son los que viven en la dicha de la meditación en Dios y que derraman lágrimas de dicha, y las aves se sientan en las rodillas de esas personas porque no las temen.

"Tengo de comida lo que consigo mendigando, y además es insípido, y sólo una vez al día. Por cama, la tierra. Por sirviente, mi cuerpo. Por ropa tengo una manta gastada hecha de cien remiendos, y aún así ¡ay! los deseos no me dejan."

Aunque no tengo nada, he renunciado a todo, soy incapaz de renunciar al deseo. ¡Así de fuerte es el deseo!

"Sin conocer su poder de quemar, el insecto salta al brillante fuego."

¿Lo habéis visto alguna vez? ¿Una polilla volando hasta el fuego? ¿Volando hacia una bombilla? Bueno, entraría volando en el fuego si pudiera encontrar un fuego.

"El pez, por ignorancia, come el cebo enganchado al anzuelo, mientras que nosotros, con pleno discernimiento, no renunciamos a los deseos sensuales, plagados como están de múltiples peligros. ¡Ay! ¡Qué inescrutable es el poder del engaño!"

Sólo quiero recordaros que ni la Madre, ni las escrituras ni nadie dice que todo el mundo deba convertirse en un yogui en una cueva o que nadie deba llevar una vida mundana y pasárselo bien. No es eso. Pero también, a la vez, hay que tener este conocimiento. Guardáoslo en el bolsillo de atrás, porque si en algún momento de vuestra vida descubrís que la cosa no ha funcionado, que vuestra búsqueda de la felicidad en la felicidad de los sentidos o en la vida mundana no ha funcionado, que no ha satisfecho vuestras ansias, entonces tendréis algo a lo que recurrir, recordaréis estas palabras. Y entonces podréis dedicaros a obtener otra cosa, que se llama la vida espiritual o la dicha divina.

"Cuando la boca está seca por la sed, el ser humano toma refrescos fríos. Cuando sufre hambre, traga arroz deliciosamente cocinado. Cuando está encendido por el deseo, abraza a su pareja. Así, la felicidad no es más que el remedio de estas enfermedades del hambre, la sed y el deseo. ¡Y ved cómo al ser humano lo altera su búsqueda!"

Está comparando las ansias de los sentidos con una especie de enfermedad. Este es un modo de pensar en ellos. Nuestros sentidos se inquietan, se estimulan, se agitan, y para librarse de esa irritación, por decirlo así, hacemos distintas cosas. Así es nuestra vida.

"Poseyendo grandes mansiones, hijos estimados por los doctos, riquezas incalculables, una esposa amada, y pensando que este mundo es permanente, los hombres engañados por la ignorancia entran corriendo en esta cárcel del mundo, mientras que es realmente bendito el que, teniendo en cuenta la transitoriedad del mismo mundo, renuncia a él. La boca del estómago es tan difícil de llenar y es la raíz de una gran ruina."

¿Por qué dice eso? Porque si no tuviéramos que comer todos los días, tendríamos muchos menos problemas. Aparte de la indigestión, el sobrepeso y todas estas cosas, no tendríamos que tener un trabajo si lleváramos una vida simple por no tener que comer. Hay que comer porque hay que vivir. Así que si fueras capaz de vivir bajo un árbol con una mínima cantidad de ropa, eso sería suficiente. No necesitarías nada más; pero si tienes que comer necesitas dinero, necesitas muchas cosas.

"Es ingenioso cortando los nudos vitales, por así decirlo, de nuestro vano amor propio."

¿Qué es eso? Nuestro estómago. Mucha gente prescindirá de todo su amor propio para ser capaz de satisfacer el estómago.

"Es como la brillante luz de la luna reluciendo en el loto que sólo florece al sol. Es el hacha que tala la exuberante hiedra de nuestra gran modestia."

"En el placer, es el temor a la enfermedad."

Porque si estás enfermo no puedes disfrutar adecuadamente. Supón que quieres comer pero que no estás bien del estómago, o que no tienes dientes, así que no puedes disfrutar. Supón que quieres ver cosas bonitas, pero que los ojos no te funcionan adecuadamente. Supón que quieres oír música melodiosa, pero eres duro de oído. Así que, si tienes cualquier clase de enfermedad, disfrutar es un problema. También podría significar que la pérdida de energía que se emplea durante el placer puede provocar una enfermedad.

"Si tu felicidad depende de la posición social, hay el temor de una caída. En la riqueza hay el miedo a los ladrones. En el honor, el temor a la humillación. En el poder, el miedo a los enemigos. En la belleza, el miedo a la vejez. En el cuerpo, el miedo a la muerte.
"Todas las cosas de este mundo que el hombre posee van acompañadas de miedo. Sólo la renuncia admite ausencia de temor. La salud humana es destruida por cientos de enfermedades del cuerpo y la mente. Dondequiera que esté Lakshmi, allí tienen libre acceso los peligros."

¿Qué quiere decir esto? Lakshmi significa la diosa de la riqueza, de la prosperidad. Así que dondequiera que haya prosperidad, los sabios dicen que es una puerta abierta al sufrimiento, porque la prosperidad presenta muchas complicaciones. La mayor parte de las personas de este mundo no piensan así. "Si hay prosperidad, hay felicidad. Se acaban todas nuestras preocupaciones", es el modo normal de pensar; pero a una persona realmente espiritual le importará un comino la prosperidad. Su riqueza será la riqueza de la paz interior.

La historia de Lakshmi, que se aparece a Swami Vidyaranya

Quizá hayáis oído la historia de Swami Vidyaranya. Era el primer ministro del rey Krishnadevaraya, un famoso rey. Levantó el reino de Vijayanagar. El primer ministro tenía el deseo de ser próspero y rico, como les sucede a todos los demás, así que hacía todas las pujas a Lakshmi. Las hacía tres veces al día. Hacía diez mil mantras. Hacía japa, con el mantra de Laskshmi. Día y noche iba a los templos de Lakshmi. Hizo muchos votos con el fin de obtener la gracia de Lakshmi para hacerse rico. Siguió haciéndolo durante años, pero no se hizo rico. Se hartó y comprendió: "¿Por qué estoy dedicándole tanta energía a esto? Me estoy consumiendo." Decidió hacerse sannyasi e intentar conocer a Dios, lograr la inmortalidad, el conocimiento del Yo. Así que se fue de su casa. Se puso la ropa de sannyasi, la tela ocre, y justo entonces apareció esta bella dama ante él. Bueno, ¿sabéis quién era? ¡Lakshmi! Entonces él le dijo:

—¿Puedo hacer algo por ti?

Ella respondió:

—Me has estado rezando todos estos años. Ahora he venido por fin.

Él dijo:

—Ahora has venido y ahora ya no Te necesito.

Entonces Ella dijo:

—Tengo que darte algo.

—De acuerdo, dame la riqueza del conocimiento espiritual. Dame la riqueza del Conocimiento.

Así que Ella lo bendijo para que pudiera ser un hombre sabio lleno de conocimiento de las escrituras y experiencia espiritual. Recibió el nombre de Vidyaranya por las bendiciones de Lakshmi. "Vidyaranya" significa uno que es un bosque de saber, por lo sabio que es.

Así que buscar a Lakshmi para conseguir riquezas lleva a un callejón sin salida por todos los problemas que hemos estado comentando: la muerte, los enemigos, los ladrones y todas las cosas de las que está hecho el mundo.

"Todo lo que nace, muere."

Entonces, ¿qué ha creado el creador para que sea estable? En este mundo no hay nada estable.

"Los placeres de los seres encarnados son fugaces, como el relámpago en las nubes. La vida es insegura como una gota de agua en una hoja de loto. Los deseos de la juventud son inconstantes. Comprendiendo esto rápidamente, que el sabio concentre firmemente la mente en el yoga, fácil de obtener mediante la paciencia y la ecuanimidad. La vejez nos espera amenazante, asustando a los hombres como una tigresa. Diferentes enfermedades afligen el cuerpo humano como enemigos. La vida se va corriendo como el agua que se derrama de una vasija agrietada. Sin embargo, ¡qué increíble que el hombre siga cometiendo malas acciones!"

Sólo estamos a mitad de camino y ya se está haciendo bastante tarde. Seguiremos e intentaremos terminar la semana que viene.

Namah Shivaya.

Satsang en el M. A. Center, 1994
Cinta 4 – Cara A

El desapego – 2

Hemos estado hablando de algunas de las estrofas de la Madre en *Omkara divya porule*, las estrofas vedánticas de la Madre, las estrofas sobre la filosofía del Vedanta o Advaita; es decir, el no dualismo, que tú mismo eres el Yo, no el cuerpo, y que, desgraciadamente, todos nosotros estamos dormidos en el mundo del sueño llamado maya, la ilusión universal, y la única manera de despertar es por medio de una intensa práctica espiritual y desapegándose del sueño.

Iniciamos esta reflexión hace un par de semanas. Sólo quiero subrayar al principio que esta no es la única enseñanza de la Madre. La Madre también enseña que mediante una intensa devoción a Dios, por la entrega a Dios, mediante distintos caminos devocionales o mediante el servicio desinteresado, la mente también puede despertar a su verdadera naturaleza, que es el Atman, el Yo inmortal. Pero, como hemos empezado con el *Omkara divya porule*, ahora estamos hablando sobre la filosofía no dual y la necesidad de vairagya. Dentro de un momento explicaré lo que entiendo por vairagya.

Cuando decimos que estamos dormidos en maya, "maya" significa esa fuerza que nos hace olvidar la realidad, que siempre está ahí y que nos hace tomar por real lo que tenemos frente a nosotros, y luego nos causa problemas. No sólo olvidamos la realidad. Olvidamos incluso las realidades. Suponed que hay un niño muy pequeño, de un año y medio o dos. Antes que sepa nada de este mundo ponéis algunas monedas de oro delante del niño y también le ponéis algunas galletas delante. ¿Qué creéis que va a coger el niño? Las galletas. ¿Por unanimidad? Sí. Las galletas. ¿Por qué? ¿Por qué las galletas? Son tangibles, correcto. Además, el niño no sabe que con las monedas de oro podría comprar montañas de galletas. Sólo ve el placer inmediato, que está justo ahí delante de él. No está pensando en inversiones a largo plazo o algo parecido. Así que esto es lo que es maya: vemos todo el tiempo el placer inmediato, la felicidad inmediata que algo nos da. Optamos por eso e ignoramos todo lo demás, la verdad a largo plazo.

Así que estamos hablando de vairagya, de cómo despertar de esta maya. La Madre dice que vairagya es lo esencial. Incluso Sankaracharya –quizás hayáis oído hablar de él– también él dice que podrías no tener más cualidades que esa, y sería suficiente para alcanzar el conocimiento del Yo o trascender el ciclo del nacimiento y la muerte. ¿Qué es este vairagya? Vairagya significa la carencia o la ausencia de *raga*. ¿Esto significa mucho? No. Raga no es sólo eso en lo que se toca la música, que es una melodía, sino la atracción o el apego por algo. Nuestra mente siempre está pasando de la atracción por esto o aquello a la repulsión por esto o aquello, y a veces también hay indiferencia. Así que vairagya es la falta de atracción o la falta de apego. Esto es lo que nos despertará del sueño. Permanecemos dormidos por nuestro apego o nuestra atracción por el sueño de maya. Eso genera un cierto impulso y una cierta energía y se perpetúa en nacimientos y nacimientos y más nacimientos. Se vuelve muy complicado, porque mientras estamos dormidos la ley del karma sigue vigente. Todo lo que hacemos en este sueño tiene su acción y su reacción. El único modo de poder romper esta rueda o romper este ciclo es despertar. Eso significa que tenemos que apartar la mente del sueño, y entonces se romperá. Cuando interrumpimos el sueño, a eso se le llama *bodha* o iluminación o experiencia del Yo o liberación del ciclo del nacimiento y la muerte, *mukti* o *moksha*. Os voy a dar un ejemplo concreto de lo que es vairagya.

La historia de Samarta Ramdas y el reino de Sivaji

Había un gran mahatma llamado Samarta Ramdas. Quizá hayáis oído hablar de él. Vivió hace cuatrocientos o quinientos años en la India. Era un sannyasi. No siempre fue sannyasi, pero tenía madera de sannyasi. Era un gran devoto de Hanuman. Era su aspecto favorito de Dios. Emulaba todas las cualidades que tenía Hanuman: devoción a Ram, servicio y renuncia.

De hecho, estaba a punto de casarse. En las bodas en la India –no sé si todavía se hace así, pero en aquellos días eran muy ortodoxos– el chico y la chica se sentaban mirándose y había una pantalla entre los dos, una especie de tela o una cortina. Justo antes de conocerse y casarse, el sacerdote dice: "¡Ten cuidado! *¡Jagrata!*" Cuando Ramdas oyó el "¡Jagrata! ¡Ten cuidado!", de alguna manera, como estaba destinado a ser sannyasi, inmediatamente apareció en su mente como un relámpago: "¡Es mejor que tenga cuidado! ¿Estoy seguro de querer meterme en esta situación tan complicada? ¿He entendido todas las implicaciones? ¿Va a ir todo bien?" Así que esa palabra, "ten cuidado", trajo a su mente todos estos pensamientos, y él saltó como un mono, saltó del asiento, salió corriendo del salón de la boda y nadie lo vio durante doce años. A esto se le llama verdadero desapego; pero la cosa no acabó ahí.

(*Voz entre el público*) –Seguro que estaba muerto de miedo.

Bueno, puede empezar como miedo al sufrimiento y a las complicaciones y todas estas cosas, pero no todo el mundo siente eso. No todo el mundo tiene que huir al bosque durante doce años; pero él estaba destinado a ser monje, así que eso es lo que sucedió. Una palabra fue suficiente. Nadie le tuvo que explicar estas cosas una y otra vez. No tuvo que leer ningún libro. No estaba calculando: "Bueno, si hago esto ¿qué es lo que va a pasar? ¿Debo hacer esto o aquello?" No.

Así que saltó, salió corriendo y se puso a hacer intensas prácticas espirituales en el bosque. Lo encontraban de pie en el río con agua fría hasta el cuello en invierno en la India del Norte, donde la temperatura baja hasta la helada. Estaba de pie todo el día y toda la noche, a veces durante días y días, haciendo su *mantra japa*. Se quedaba de pie a pleno sol con fuego ardiendo a su alrededor. Todas estas clases de dura penitencia, ¿para llegar a qué? A estar más desapegado de su existencia física y del mundo y para unirse con el Yo, el alma.

Finalmente alcanzó la perfección gracias a su sadhana. Un día, iba caminando por una de las ciudades y el rey de la ciudad, Shivaji, tenía en ella su palacio. Ramdas pasó justo al lado del palacio. Estaba mendigando. Tenía su escudilla de mendigar, una cáscara de coco vacía y limpia. Iba a cada casa y decía: *"Bhiksham dehi cha Parvati"*, "Oh, Madre Divina, dame limosna, por favor." Llegó a las puertas del palacio y Shivaji salió corriendo. Ramdas tendió la escudilla. El guru le tendió la escudilla al discípulo. Ramdas dijo:

—Por favor, dame limosna.

Shivaji cogió una pluma y un papel, escribió algo y puso el papel en la escudilla. Ramdas dijo:

—¿Qué clase de absurdo es éste? ¿Va a saciar mi hambre este papel?

Entonces Shivaji dijo:

—Por favor, lee el papel, Swamiji.

Así que sacó el papel de la escudilla. Miró el papel. ¿Qué había en el papel? Shivaji había firmado que le entregaba el reino entero a Ramdas. ¡El reino entero! Dijo:

–Todo es tuyo. No quiero tener nada más que ver con el reino. Esta es mi limosna para mi guru.

No es increíble. Hay gente que hace eso mismo incluso actualmente. Tienen tanta devoción a su guru, sienten tanto amor por su guru, están tan hartos del mundo y tienen tanta fe que lo dan todo. No sólo el tiempo, no sólo la mente, no sólo el corazón, ni siquiera las posesiones; todo, sin calcular, se lo dan todo a su guru. Sin temor, como si saltaras a un precipicio sin saber lo que va a pasar y, justo antes de llegar al suelo, algo te agarrara y te depositara suavemente en el suelo.

De modo que Shivaji le dio el reino entero a Ramdas. Este leyó la nota y dijo:

–Muchas gracias, pero lo dejo a tu cargo. Tú lo cuidas. Ahora es mío, pero tú lo cuidas en mi nombre.

Se fue a la casa siguiente a por su *bhiksha*, a por su limosna. Este es el verdadero *vairagya,* el de ambos. Este fue un doble desapego: el discípulo estaba verdaderamente desapegado; el guru estaba verdaderamente desapegado. Ninguno de los dos quería el reino.

Este es un ejemplo práctico de lo que es vairagya. Esto es lo que hace falta para que la mente se vuelva estable. Es la falta de vairagya, la falta de desapego, lo que hace que tengamos la mente tan agitada. Siempre estamos corriendo detrás de una o de otra cosa. Si consigue una cosa, deja de correr uno o dos segundos. Después, otra vez, algo nuevo aparece en la mente. Quiere correr detrás de algo más. Nunca se queda quieta más de un segundo o dos excepto ¿cuándo? Cuando nos dormimos o cuando estamos en *samadhi*. La mayoría de nosotros no hemos estado nunca en samadhi, así que casi siempre es cuando estamos dormidos.

Al final acabamos hartos de esta constante inquietud. En esa etapa, podríamos decir, estamos en el camino de regreso hacia el verdadero Yo. Estamos en el camino de regreso a Dios. Tenemos que llegar a ese punto en el que decimos: "'Ya estoy harto de esta inquietud interminable. Con todo lo que he conseguido, con todo lo que he hecho, no he conseguido esa paz. La consigo y se va. La consigo y se va."

Hay un poema muy bonito escrito por un santo. Está describiendo esta naturaleza de cómo tenemos que volver al Yo o tenemos que acabar volviendo a Dios, que no podemos evitarlo. Esa es la propia naturaleza de las cosas: que todos tendrán que alcanzar esa etapa. Llegarán a esa etapa de verdadero vairagya. Aquí está la estrofa. Es muy bonita.

"Las aguas se elevan del mar en forma de nubes, después caen como lluvia y corren de vuelta hacia el mar formando arroyos. Nada puede impedirles volver a su fuente. Igualmente, el agua se eleva desde Ti y no se puede impedir que vuelva a Ti de nuevo, aunque gire en muchos remolinos en su camino. Un pájaro que se eleva desde la tierra y vuela por el cielo no puede encontrar lugar de descanso en medio del aire, sino que ha de volver de nuevo a la tierra. Así que, verdaderamente, todos tienen que desandar su camino, y, cuando el alma encuentre el camino de vuelta a su fuente, se hundirá y se unirá contigo, ¡oh Océano de Dicha!"

Esto es lo que nos pasa a nosotros. Somos como las aguas que se han elevado desde el mar, y caemos de nuevo a la tierra, y nos convertimos en un río que va en tantas direcciones, hacia aquí y hacia allá, y por último volvemos al mar... o como un pájaro que se eleva: tiene que bajar. No puede vivir en el aire. Se agota.

¿Dónde está la meta? ¿Dónde está la fuente? Es el Océano de Dicha. Es lo que estamos buscando todo el tiempo, pero siempre se nos escapa.

Las estrofas de Bhartrihari

Estábamos hablando sobre el *Vairagya Satakam*, que es probablemente el más importante de los escritos de santos sobre esta ciencia del desapego. Lo empezamos a leer la semana pasada y quería seguir y quizás acabarlo hoy porque todas sus estrofas nos ayudan mucho a despertar. Nos impresionan de verdad. Tocan algo en nosotros.

Parikshit y el miedo a la muerte

Había un rey que oyó que se iba a morir al cabo de una semana, así que lo dejó todo y se sentó y meditó y alcanzó el conocimiento de Dios en una semana. La Madre dice que, si tenemos esa clase de intensidad, incluso un momento es suficiente. Aunque Parikshit estaba muy desapegado, su deseo de conocer a Dios era muy intenso, también tenía mucho miedo a la muerte. Eso no tiene nada de malo. De hecho, es bueno tenerle miedo a la muerte porque esa energía del miedo nos dará una gran intensidad para la práctica espiritual. Así que, ¿qué hizo? Hizo algo muy interesante. Oyó que iba a morir de una picadura de serpiente siete días después, así que hizo que construyeran una columna, una columna muy alta. Debía de tener unos veinte o treinta metros de altura. En lo alto de la columna había una habitación, y la única manera de subir y bajar de la columna era con una cuerda. Así es como subió él. Se quedó sentado en la habitación meditando, y siempre que le tenían que dar la comida bajaba una cesta y después la subía con la fruta y las demás cosas. Así es como comió durante esos siete días. Había situado todo su ejército en la base de esta columna, de manera que si cualquier serpiente se acercaba ya os imagináis lo que le iba a pasar.

Bueno, ¿qué es lo que ocurrió? La serpiente que estaba destinada a morderlo no era una serpiente corriente. Era una serpiente muy lista. La serpiente se convirtió en un gusanito, ni siquiera una lombriz, un gusano diminuto. Y se metió dentro de una de las frutas –quizá fuera un mango– que le iban a subir para el desayuno del séptimo día. Se metió allí, hizo un agujerito en el mango... o debía de ser una manzana. Cuando Parikshit subió la fruta y estaba a punto de comérsela, el gusano asomó la cabeza, le sonrió, se convirtió en una serpiente y le picó, y él murió. No se puede evitar. Cuando te llega la hora, puedes hacer cualquier cosa. Puedes subir al cielo, o estar bajo tierra, o en tu habitación, o en la autopista, o puedes estar en cualquier parte; cuando se te ha acabado el tiempo te tienes que ir. No tiene nada de malo. Todo el mundo tiene que irse.

Así que vamos a leer algunas de las estrofas de Bhartrihari. Cada una de ellas es una joya. Cuando lo estemos leyendo, no lo escuchéis como si fuera poesía o filosofía. Intentad llevadlas a vuestro corazón, porque para él fueron escritas. Son para despertarnos, para que al menos durante un momento vislumbremos la naturaleza de maya, ya que estamos tan profundamente dormidos en ella. Es increíble lo profundamente dormidos que estamos.

> *"La vejez nos espera amenazante, asustando a los hombres como una tigresa. Diferentes enfermedades afligen el cuerpo humano como enemigos. La vida se va corriendo como el agua que se derrama de una vasija agrietada. Sin embargo, ¡qué increíble que el hombre siga cometiendo malas acciones!"*

Esto no quiere decir que no haya nada bueno en la vida o que no tengamos que disfrutar de la vida, pero también debemos entender este aspecto de la vida. La vida espiritual significa entenderlo todo, no sólo estar entusiasmado e ignorar la verdadera naturaleza de las cosas. Tenemos que ver el lado agradable de la vida, pero también tenemos que ver el otro lado, el lado doloroso de la vida, las dos caras de la moneda. Esa es la verdadera sabiduría.

Especialmente para nosotros, la mayor parte de nosotros que sólo estamos acostumbrados a buscar el lado agradable, sea buscando el lado agradable o sólo fijándonos en el lado agradable, esto es muy necesario para que veamos las cosas de manera más equilibrada.

"Los placeres son por naturaleza múltiples y transitorios, y este mundo está hecho de ellos. Así que, ¿para qué vas a vagar por aquí, oh hombre? Dejad de esforzaros por ellos, porque si confiáis en nuestra palabra, en su supremo fundamento, la Realidad, y concentráis la mente, purificada al sofocar la esperanza con sus cien redes, liberaos del deseo."

El deseo nos hace correr tras todas estas cosas transitorias. Aunque no consigamos lo que queremos, la esperanza lo mantiene en marcha. Lo que dice es: tened fe en las palabras que os estoy diciendo ahora. Nacen de mi experiencia de la Realidad. Abandonad la esperanza en vuestros deseos para que vuestra mente se calme.

"Hay un placer, y sólo uno, duradero, inmutable y supremo, que al saborearlo hace insípidas las mayores posesiones, como la soberanía de los tres mundos, y al instalarse en él los dioses Brahma, Indra o los demás parecen briznas de hierba. No pongáis el corazón en ningún placer efímero que no sea ése."

Así que la vida espiritual no significa renunciar al placer. Sólo significa que se quiere un ascenso. No se está satisfecho con los placeres que se obtienen. Alguien tiene un Chevy corriente, después quiere un Benz, después un Rolls, y después de eso, ¿a qué se aspira?

(*Voz de entre el público*) —A una limusina.

Una limusina. De acuerdo. Creo que la semana que viene tú deberías sentarte aquí en el estrado. ¡Se te ocurren todas las buenas ideas!

De modo que así es la naturaleza: tenemos una casa pequeña, después pensamos que sería mucho mejor si tuviéramos una casa más grande. Después conseguimos la casa más grande y entonces eso no basta. "Me gustaría tener una más grande." Entonces ves a alguien que tiene una aún más grande. "Eso no era suficiente, quiero una más grande." ¿Hasta dónde puedes llegar? Es simplemente la naturaleza de las cosas. El placer no tiene fin, no hay satisfacción. No puede haberla nunca. Así que esto es lo que está diciendo: hay un placer, un único placer, que te va a satisfacer para siempre y que hará que incluso la posición de ser los dioses más elevados del universo parezca como la hierba.

Eso es lo que dice la Madre. Hay una canción en la que la Madre describe su experiencia, y dice:

"Vi todo como mi propio Yo, y el universo entero como una minúscula burbuja en mi inmensidad."

Esa es la experiencia. Si se despierta de este sueño, se ve el universo entero como una minúscula burbuja en tu eterna inmensidad. Ese es el placer de la dicha suprema. Esa es la meta de la vida espiritual. Así que dice: "No corras tras nada excepto eso. No desperdicies tu energía. No pierdas el tiempo. No te metas en todas estas complicaciones de maya."

"Donde en una casa hubo muchos, ahora hay uno; y donde había uno o muchos, al final no hay nadie."

¿Lo entendéis? En una casa había muchísimos; después sólo hubo uno. Y después, algún tiempo más tarde, ni ese uno estaba ya.

"Este es el proceso en el que el experto Padre Tiempo juega su juego en el tablero de este mundo con los seres vivos como piezas que hay que mover, y tirando los dos dados del día y la noche. Cada día, a la salida y la puesta del sol, la vida se acorta, y no se siente el tiempo por tantos asuntos sobrecargados de múltiples actividades. Ni se siente miedo al contemplar el nacimiento, la muerte, la vejez y el sufrimiento. ¡Ay! El mundo se ha vuelto loco tras beber el vino de maya."

La vida se nos va cada día, cada noche. La vida se está acortando. Estamos tan ocupados con tantas cosas que ni siquiera nos damos cuenta. Estamos borrachos con el vino de maya. Esto es lo que dice. Aunque no tengamos mucho sufrimiento debemos ir —esto es lo que dice la Madre—, debemos ir a algún lugar donde haya sufrimiento para que podamos entender la naturaleza de esta rueda del tiempo, lo implacable que es la ley del karma. Cuando veáis a personas que realmente están sufriendo, pensad: "Eso también podría pasarme a mí."

"Viendo que siempre la misma noche sigue al mismo día, en vano siguen las criaturas su rumbo mundano, perseverando y ocupadas en diversas actividades puestas en marcha en secreto por sus resoluciones mentales. ¡Ay! Como estamos obsesionados, no nos avergonzamos de que el ciclo del nacimiento y la muerte se burle de nosotros con ocupaciones en las que los mismos detalles se repiten una y otra vez."

Una vaca siempre sigue rumiando lo mismo una y otra vez. Nuestra vida es así: seguimos haciendo las mismas cosas una y otra vez. Seguimos teniendo las mismas experiencias una y otra vez, pero aún así seguimos adelante. No pensamos en intentar elevarnos por encima de nuestra vida mundana corriente. Eso es maya.

"Aquellos de los que nacimos, ahora están íntimamente unidos a la Eternidad."

Significa que hace mucho que han muerto.

"Aquellos con los que crecimos también se han convertido en objetos de la memoria. Ahora que ya somos viejos, nos acercamos día a día a la hora de nuestra caída. Nuestra situación es comparable a la de los árboles viejos en la orilla arenosa de un río."

Si la orilla de un río es arenosa y hay un árbol creciendo en ella, ¿qué es lo que le va a ocurrir al árbol?
(*La voz suave de un niño*) —Se morirá.
—Y cuando ser muera, ¿qué pasará?
—Se mezclará con la arena.
— Se caerá, ¿verdad?
—Se va a descomponer, me parece.
—Y se va a descomponer, sí. Igualmente, nosotros estamos en la orilla arenosa del río del tiempo, porque el río del tiempo no tiene orillas firmes. El río del tiempo está desmoronando la arena que hay bajo las raíces. Al final el árbol se caerá y se descompondrá.

"Ahora niño por un tiempo, y después un joven de comportamiento erótico; ahora un indigente por un tiempo, y después en la abundancia. Igual que un actor cuando acaba la actuación —cuando tiene todos los miembros enfermos por la edad y arrugas por todo el cuerpo— sale por detrás del escenario que oculta la morada de la muerte."

Ahora alguien es joven. Después se hace mayor. Después aún más mayor, y después abandona el escenario. El mundo es un escenario. Te acuerdas de cuando eras niño. Todo se ha ido demasiado pronto. Entonces llegaron todas las responsabilidades de ser mayor, y después, para algunos de nosotros, ha llegado la vejez. El próximo paso es la muerte. Entonces, ¿qué es lo que viene después de la muerte?

(*Una voz infantil*) –La reencarnación

–Sí.

"Estando agitada, oh mente, ahora desciendes a las regiones inferiores. Ahora asciendes a los cielos. Deambulas en las cuatro direcciones. ¿Por qué, ni por error, no te concentras ni una sola vez en la Realidad Suprema de la naturaleza de tu propio Yo, carente de toda imperfección, donde puedes lograr la dicha suprema?"

Nuestra mente vaga por todas partes excepto donde debería ir, que es a nuestro propio Yo. Es como un río que sale de las montañas. Va por todas partes. Nunca vuelve a su propio nacimiento, pero ahí es donde tiene que acabar yendo. Aprendemos tantas cosas, sabemos tantas cosas, experimentamos tantas cosas, y finalmente llegamos a un punto en el que queremos volver al origen. Estamos convencidos de que no hay nada en ningún lugar excepto el descanso en el Yo. Esto es lo que sucede cuando dormimos. Por mucho que sepas, por mucho que experimentes, por mucho que tengas, al final del día no quieres nada de eso. Sólo quieres dormir, porque, cuando duermes, ¿qué pasa?

(*Niño*) –Sólo estás descansando.

–Así es. Te olvidas de todo porque ocuparse de todas estas cosas es muy cansado después de algún tiempo. Pero por mucho que duermas, no sientes que no quieres dormir más. Sólo tienes que levantarte porque tienes que hacer otras cosas, pero el sueño es muy feliz, un estado muy feliz. Es un destello del Yo. La única diferencia es que es oscuro y no luminoso, pero esa naturaleza de dicha, descanso y paz también se experimenta allí.

Así es al comienzo de la vida espiritual. La mente pensará en todo menos en Dios, en todo menos en el Yo, que es lo que está haciendo ahora, pero lo hace aún más cuando intentas meditar. Entonces, si perseveras, despacio, la Madre dice que como echando agua dulce en un recipiente lleno de agua salada, lentamente desplaza al agua salada. Si sigues echando suficiente agua dulce, al final ya no queda nada de agua salada. Es agua completamente dulce. Si sigues vertiendo el pensamiento de Dios, o tu mantra, o cualquiera que sea tu práctica, en la mente distraída, ese único pensamiento ocupa el lugar de los muchos pensamientos. Por último llegas a una etapa en la que no puedes pensar en nada más que en Dios, y la mente no se dirige hacia nada más.

Esto exige una tremenda cantidad de práctica, pero no es imposible. Los que logran el Conocimiento o a los que se llama santos o sabios, eso es lo que hicieron. La mayor parte de ellos no nacieron siendo mahatmas. No nacieron con concentración. Muy pocos han nacido así. Trabajaron duro para lograrlo. La mente es una cosa que puede moldearse. Es una cosa a la que puedes obligar a concentrarse. Es una cosa que puede llegar a centrarse en una sola cosa. Es una cosa que puede experimentar Brahman o la Realidad. Es una gran cosa. Puede usarse para cualquier cosa buena y para cualquier cosa mala, incluso para la más elevada, que es la unión con Dios; pero hay que entrenarla. En eso consiste la espiritualidad: en entrenar la mente.

La Madre pone el ejemplo de los trepadores de cocoteros. Aquellos de entre vosotros que habéis estado en Kerala sabéis que hay millones de cocoteros por todas partes, bosques de cocoteros. ¿Cómo coges los cocos del cocotero?

(*Niño*) –Hay que trepar por él.

–Hay que trepar por él, bien. No hay otra manera. Hay que trepar por él. Así que imagínate que has nacido en una familia de trepadores de cocoteros. Eso significa que de mayor vas a ser un trepador de cocoteros. Un día tu papá te va a decir: "Escucha, creo que ya es el momento de que aprendas a trepar al árbol."

Así que vas al árbol e intentas trepar, subes treinta centímetros y te estrellas contra el suelo. Después lo intentas otra vez y te resbalas por el tronco. Después lo intentas otra vez y empiezas a desanimarte. Dices: "Nunca voy a poder subir a este árbol de diez metros. ¡No puedo subir ni medio metro! Olvídalo. Seré otra cosa."

Entonces tu padre te dirá: "No, no, tienes que ser trepador de cocoteros. No hay otra salida para nosotros. Esa ha sido nuestra ocupación desde hace miles de años." Así que, ¿qué haces? Vuelves a intentarlo y vuelves a intentarlo. Al siguiente intento subes treinta y cinco centímetros y vuelves a resbalarte hacia abajo. Pero la idea de que lo tienes que hacer, de que no hay otra salida, hace que sigas adelante. Sigues subiendo más y más y más alto. Por fin, llegas a la copa del árbol. Tiras los cocos. Puedes saltar arriba y saltar abajo. Ha hecho falta mucha práctica, mucha perseverancia. Así que la Madre dice que, igual que el hijo del trepador de cocoteros, todos nosotros tenemos que trepar el árbol de la mente y llegar a la copa que está ahí arriba, el loto de mil pétalos en el que Dios está sentado brillando; y entonces, cuando seamos expertos en subir y bajar, subir y bajar, todo estará bien. Hasta entonces tenemos que seguir intentándolo, pensando que no hay otra salida. Es como un viaje. ¿Hacia dónde? Al interior, no al exterior.

"En la vejez, el cuerpo se marchita. El paso se vuelve inestable. Se caen los dientes. Se pierde la vista. Aumenta la sordera. La boca babea. Los parientes no valoran las palabras de uno. La esposa no se interesa. Hasta los hijos se vuelven hostiles. ¡Oh, la miseria del hombre agotado por la edad!"

No nos gusta oír todo esto, pero esa es la verdad. Estas son realidades. No es la Realidad; son realidades, una realidad con "r" minúscula.

"Mientras este cuerpo está libre de enfermedad y decrepitud, mientras la senilidad está lejos, mientras la capacidad de los sentidos no está afectada y la vida no decae, las personas sabias deben hacer un gran esfuerzo por su bien supremo, porque, cuando la casa está en llamas, ¿de qué sirve excavar un pozo en busca de agua?"

¿Lo habéis entendido? Cuando hay un incendio en la casa, ¿qué es lo que vais a hacer?

(*Niño*) –Llamar a los bomberos.

–¿Y si no tienes teléfono?

–Entonces vas corriendo a los bomberos.

–¿Y qué pasa si vives en un pueblo pequeño y no hay bomberos? Entonces vas a la casa del vecino.

–Y le pides que te preste el teléfono.

–¡No! Cuando la casa está en llamas lo primero que hay que hacer es conseguir agua para apagarla. Así que si tienes un grifo, lo abres y consigues agua. ¿Y si no tienes grifo?

–Vas al río.

–Si no tienes río, o no tienes grifo, debes tener un pozo. ¿Y si no tienes pozo, entonces...?

–¡Sales corriendo!

–¡Eso es lo que dirían los bomberos! No, te pones a excavar un pozo. Eso es lo que está diciendo. Así que no tiene sentido excavar un pozo cuando la casa está incendiándose. Igualmente, no tiene sentido intentar hacer intensa práctica espiritual o intentar controlar la mente errante cuando ya te estás desmoronando. ¿Por qué? Porque la mente está ocupada con el derrumbamiento. Está preocupada por esto y aquello. ¿Cómo se va a concentrar? ¿Cómo puede dedicarse a algo? Así que, antes de llegar a esta etapa, dedicad toda vuestra energía a conocer el Yo.

*"Cuando el honor ha desaparecido, la riqueza se ha arrui-
nado, los que buscan favores han partido desilusionados,
los amigos han menguado, los criados se han marchado
y la juventud ha decaído gradualmente, sólo queda una
cosa apropiada para el sabio: vivir en algún lugar en un
bosquecillo en una ladera de un valle del Himalaya, donde
las rocas están purificadas por las aguas del Ganges."*

Ahora Bhartrihari está intentando inspirarnos con pensamientos sublimes. Ha expuesto cómo es el mundo. ¿Qué hacer
ahora? ¿Debemos entristecernos? ¿Debemos sentirnos desgraciados por ello? No. Debemos pensar: "¿Qué alternativa hay a esta
situación?" Dice que cuando todas estas cosas han sucedido y has
entendido la naturaleza del mundo, entonces piensa en vivir en
un ashram o una cabaña en el Himalaya, a orillas de la Ganga,
y haciendo allí tu práctica espiritual.

Namah Shivaya.

*Satsang en el M. A. Center, 1994
Cinta 4 – Cara B*

El desapego – 3

En las dos semanas anteriores hemos estado hablando de que estamos tan dormidos en maya que ni siquiera sabemos que estamos dormidos en maya, de tan profundamente dormidos que estamos. La finalidad de libros como el *Vairagya Satakam* es despertarnos, impresionarnos y despertarnos para que podamos vislumbrar la Verdad. Luego, a partir de ahí podremos empezar a llevar una vida espiritual, empezar a hacer sadhana.

La historia de la boda del Maharshi Narada

Hay una historia muy interesante sobre maya, sobre cómo se olvida todo y ni siquiera se *sabe* que se está en maya, y cómo una cosa lleva a la otra, y a la otra y a la otra, y se vuelve más y más profunda y por último, es de esperar, clamamos por Dios y empezamos a despertar.

Todos habréis oído hablar del Maharshi Narada. Narada es uno de los sabios celestiales. No es una persona terrestre. Vive en los planos sutiles de la existencia. Después de dejar el cuerpo físico, lo que nos va a pasar a todos, no dejamos de existir. Vivimos en un plano de existencia más sutil. Hay muchos mundos así. Se los llama *lokas*. Narada vive en esos mundos sutiles, pero se puede manifestar en la tierra. Se ha manifestado muchas veces. Se le considera un gran mahatma, un sabio muy grande.

Un día estaba sentado en el Himalaya. Estaba haciendo tapas. Estaba meditando, muy profundamente absorto; no totalmente absorto, pero sí muy profundamente. Los dioses, especialmente Indra, empezaron a preocuparse un poco, porque los dioses no son seres iluminados. Han hecho muchas buenas acciones: pueden haber ido al colegio y haber sacado buenas notas; y no sólo ir al colegio y sacar buenas notas, sino que han hecho muchas obras benéficas, pueden haber hecho mucho culto védico, muchas pujas, diversas clases de sadhana; pero no necesariamente la clase de sadhana de la que estamos hablando, es decir, no la han hecho para alcanzar *atma sakshatkara*, el conocimiento del Yo, sino más bien para conseguir algún fin mundano. En los viejos tiempos, así era como la gente solía conseguir algo muy difícil, algo que les parecía imposible de otra manera. Recurrían a hacer tapas, a hacer oraciones y penitencias, distintos votos y todo eso. Los dioses llegaban a ese nivel de existencia gracias a su tapas. Pero no son seres espiritualmente iluminados. Son más poderosos que los seres humanos, pero no son santos, y mucho menos sabios.

Indra tiene una cualidad peculiar: aunque sea el rey de los dioses, siempre está preocupado de que alguien le quiera quitar el puesto. Así que cuando vio a Narada sentado haciendo tapas, japa y meditación, pensó. "Narada quiere mi puesto. Quiere convertirse en rey de los dioses." De hecho a Narada eso le da completamente igual, porque está lleno del propio Dios, con "D" mayúscula. Pero Indra pensaba eso. Este suele poner algún obstáculo en el camino de los *tapasvis*, de las personas que están haciendo tapas, y generalmente es el mismo obstáculo. Envía a las doncellas, a las bailarinas del cielo. Se las llama *apsaras*. También tiene otros medios. Os voy a contar uno de los otros medios que tiene.

En otra ocasión había un yogui que estaba haciendo tapas. Indra se preocupó, así que lo que hizo fue enviar a alguien abajo con una cesta de *papadams*. ¿Todo el mundo sabe lo que es un papadam? Algunos no saben lo que es un papadam. Bueno, creo que la semana pasada tuvimos aquí papadam de *prasad*. Son muy sabrosos, crujientes, esa especie de... ¿cómo podríamos llamarlos? Realmente no sé con qué compararlos porque son incomparables. Una clase de alimento frito muy crujiente, sabroso, muy fino, como las patatas fritas. A todo el mundo le gustan los papadams. Así que este sabio, este yogui que estaba haciendo tapas, había hecho el voto de que iba a dominar su lengua, su sentido del gusto; no el habla, porque no había nadie con quien hablar, sino dominar el gusto de modo que pudiera comer sólo hojas secas, hojas que hubieran caído del árbol. Así que Indra pensó una manera de estropearle el tapas, y envió a alguien abajo con esta cesta de papadams. Partió los papadams en pedazos, y las hojas que comía el yogui estaban todas por el suelo. Fue y mezcló los papadams con las hojas.

Cuando el yogui terminó la meditación fue allí, a coger las hojas para comerse unas pocas, y tenían un sabor nuevo. Las hojas no saben muy bien. Son algo amargas; pero estas eran unas hojas excepcionalmente sabrosas. Comiendo esas hojas, empezó a engordar más y más. Cuando meditaba le entraba sueño, porque se estaba poniendo gordo. Siempre estaba pensando en la próxima vez en que podría ir a comer esas hojas tan deliciosas. De este modo, Indra destruyó su tapas.

Por supuesto, esto puede ser una historia, pero estas cosas nos pasan a nosotros. Cuando intentamos ascender en la vida espiritual, no sé si es Indra o quién o qué es, pero de algún modo se presentan diversos obstáculos procedentes de algún lugar uno tras otro para distraernos.

Así que Narada estaba haciendo tapas. Indra decidió enviar abajo algunas *apsaras*, algunas doncellas. Así que ellas bajaron. Se supone que tenían que distraer su mente de su profunda concentración. Bailaron y cantaron y tenían sus *tablas*, su *mridangam*, su armonio y todo eso. Pero Narada no abrió los ojos. Hicieron todo lo que pudieron, pero no sucedió nada. Él seguía sin abrir los ojos, así que se desanimaron. Volvieron y le dijeron a Indra:

—Hemos fracasado.

Algún tiempo después, Narada abrió los ojos porque no estaba en samadhi, sólo estaba en meditación, y pensó: "Realmente debo de haber logrado la Perfección, porque esas apsaras no me han afectado." Se sintió un poco orgulloso, y fue al monte Kailas. Quería contarle a alguien lo grande que era, así que fue a ver al Señor Shiva y le dijo:

—Shivaji, ¿te has enterado? Estaba haciendo tapas, e Indra envió a todas esas doncellas y no me afectó en absoluto. No me molestó en absoluto. No abrí los ojos aunque sabía lo que estaba pasando.

Entonces Shiva dijo:

—¡Oh, eso es maravilloso! ¡Realmente eres un gran mahatma! ¡Eres perfecto! Escucha, una cosa, está bien que me lo digas a Mí, pero no se lo digas a Vishnu —porque Vishnu es el guru y el Dios de Narada— no le hables a Vishnu de esto.

Bueno, naturalmente, cuando alguien te dice "no hagas algo", lo primero que empezamos a pensar es en ir a hacerlo. La Madre ha contado la historia del mono, de no pensar en el mono. Un enfermo fue al médico y el médico le recetó una medicina y le dijo:

—Cuando tomes esta medicina, no pienses nunca en un mono o no dará resultado.

Así que cuando el hombre se fue a casa y estaba tomando la medicina, inmediatamente se puso a pensar en el mono. No podía tomar la medicina. Así que si le dices a alguien que no haga algo, eso es lo que va a querer hacer siempre

Inmediatamente Narada fue a ver a Vishnu y le dijo:

—¿Sabes la noticia? Me he vuelto perfecto. Las doncellas divinas no me afectan.

Vishnu dijo:

—¡Oh, eso es maravilloso! Me alegro mucho de oírlo, Narada. Sabía que eras grande; ¡ahora sé que eres perfecto! Ven, vamos a dar un paseo.

Empezaron el paseo, fueron caminando y Vishnu llevó a Narada a un desierto. Estaban caminando y hacía mucho calor. Entonces Vishnu dijo:

—Narada, tengo sed. ¿Puedes traerme un vaso de agua de alguna parte?

Narada dijo:

—Oh, sí, Bhagavan. Déjame buscar por aquí.

Se alejó de Bhagavan, se alejó de Vishnu, y buscó por la zona. Como a un kilómetro y medio encontró un pueblo y entró en él. Allí había un pozo, y en el pozo había una bonita chica. Estaba sacando agua, así que se acercó a la chica y le dijo:

—Me gustaría llevarle a alguien un vaso de agua.

—Cómo no —dijo ella—. Ven a mi casa. Buscaré un vaso y te daré el agua.

Así que fueron a su casa. Cuanto más miraba Narada a la chica y más hablaba con ella, más empezaba a gustarle. Por fin decidió casarse con ella. Empezó maya. De hecho, había empezado incluso antes de eso porque era orgulloso. Tenía un poco de orgullo por haber dominado todos estos sentimientos. Así que estaba en la casa. Le preguntó al padre de la chica si podían casarse. El padre dijo:

—Desde luego.

Se casaron y después Narada se metió en el mundo de los negocios. Inició un negocio en el pueblo, tuvo tres o cuatro hijos y así pasaron siete u ocho años.

Un día hubo una tormenta tremenda y el río que había cerca del pueblo se desbordó. Empezó a extenderse por todas partes, y subía, subía y entró también en casa de Narada. Todos, la esposa, los hijos, subieron al tejado, y el agua aún seguía subiendo y subiendo. Todo el mundo estaba preocupado. Uno a uno, los hijos fueron arrastrados por las aguas, y después la esposa también fue arrastrada y Narada se sentía muy desgraciado. Cuando el río empezó a tirar de él, gritó a pleno pulmón:

—¡Vishnu, Narayana, sálvame!

Hasta entonces ni había pensado en Vishnu o Narayana. En cuanto gritó así, las aguas descendieron y el pueblo desapareció. Se encontraba de pie al lado de Vishnu.

Vishnu lo miró y le dijo:

—Narada, ¿dónde está mi vaso de agua?

En esa complicada maya habían pasado ocho años. Así que eso es maya. Empezamos con Dios. De algún modo terminamos en maya. Nos involucramos mucho en maya, y en algún momento llamamos a Dios a gritos. Algo ocurre en este sueño de maya. Encontramos algún defecto o algo va mal, no queremos seguir en este sueño, y después clamamos a Dios. Ese es el comienzo del fin del sueño. Después volvemos al lugar del que venimos, a Dios.

Esto es posible y normalmente ocurre debido a la relación con un mahatma. De otro modo, por nosotros solos, eso no sucede. Las bendiciones de un santo o la compañía de una santa como la Madre o quizás de un santo que ni siquiera podemos ver, alguna persona que ha dejado su cuerpo, también puede bendecirnos. Quizá leamos algún libro santo que podemos haber leído muchas veces, pero cuando lo leemos esta vez tiene tanto significado que cambia completamente nuestra vida. Nos volvemos serios para la vida espiritual.

La historia del Señor Ganesh, el mercader y el mendigo

Esto me recuerda otra historia. Creo que es una historia verdadera, aunque no puedo asegurar que lo sea porque no la presencié personalmente, pero así es como la he oído. Había unos turistas en la India. Estaban recorriendo distintos lugares turísticos. En las afueras de una de las ciudades que estaban visitando había un bosque. Entraron en el bosque. Pensaron que allí debía de haber algún lugar agradable, quizá algún templo o algo así. Después de adentrarse muy profundamente en el bosque, encontraron a un sannyasi sentado bajo un árbol. Le dijeron:

—Swamiji, somos turistas. ¿Conoces algún lugar agradable cerca de aquí que podamos ver?

Entonces el Swamiji dijo:

—De hecho, si seguís unos cuantos kilómetros más, llegaréis a un pueblo. Allí hay un fabuloso templo de Ganesh, y ese Ganesh no es sólo un Ganesh. No es sólo una imagen de piedra. Es un ser vivo.

Ellos le dijeron:

—Swamiji, eso no son más que tonterías. ¿Cómo puedes decir eso?

Y el Swamiji dijo:

—No, lo sé. Os contaré la historia de lo que pasó allí.

Así que el Swamiji dijo:

—En ese pueblo había dos personas muy devotas de Ganesh. Una era un mercader muy rico y la otra un mendigo ciego. El mendigo ciego se sentaba delante del templo todo el día con un pedacito de tela extendido en el suelo, esperando unas pocas monedas de los devotos. El rico mercader iba allí todas las mañanas, entraba en el templo de Ganesh y rezaba:

"—Oh, Ganesh, por favor, dame cien mil rupias hoy en mi negocio, un lakh de rupias.

"Por la tarde volvía. Solía tener mucho éxito, así que de nuevo daba las gracias a Ganesh.

"Un día, el mendigo devoto no consiguió nada para comer. No consiguió dinero. ¡Nada! También tenía familia. Su familia estaba pasando hambre. Fue al templo. Estaba llorando. Se acercó a Ganesh y le dijo:

"–Ganesh, ¿cómo puedes dejar a Tu hijo así, pasando hambre? Mi familia y yo no pudimos comer nada ayer. No conseguimos dinero. ¿Por qué eres tan indiferente con nosotros? ¿Por qué eres tan cruel?

"Llorando, salió del templo. Justo en ese momento el mercader estaba entrando en el templo, cuando se oyó un sonido dentro. Había dos voces hablando, una femenina y una voz masculina. La mujer le estaba hablando al hombre, y le decía:

"–Hijo, ¿por qué te muestras tan indiferente con tu devoto? Lleva tantos años sentándose aquí...

"Entonces la voz masculina dijo:

"–Tienes razón, Madre. Para mañana por la tarde le haré millonario.

"¿Quién era? Era la madre de Ganesh, Parvati Devi. El pobre no lo oyó, pero el mercader lo oyó todo. Ató cabos y se imaginó lo que estaba pasando. Era muy listo. También era muy astuto. Hizo su *namaskar* a Ganesh, salió del templo, se acercó al pobre y le dijo:

"–Te daré cien rupias con una condición: que me des todo lo que consigas mañana mendigando.

"Bueno, el mendigo sabía que no iba a conseguir más que unos pocos peniques, unas pocas paisas, así que dijo:

"–Es un gran trato. Desde luego, te puedes quedar todo lo que consiga mañana. Acepto las cien rupias.

"Cogió las cien rupias, se fue y compró comida para su familia. Estaba muy contento. El mercader ni siquiera pudo dormir esa noche, de entusiasmado que estaba. Iba a conseguir por lo menos un millón de rupias al día siguiente. Al día siguiente acudió a las once en punto, se sentó, se quedó a esperar, miraba. Nada, en el tazón del mendigo no caía ni un céntimo. Esperó hasta el mediodía y nada había sucedido. Era la una, y no pasaba nada. Las dos y no había pasado nada. Se sentía muy frustrado. Entró al templo y se puso a gritar:

"–¿Qué clase de Dios eres tú? ¡He perdido mis cien rupias creyendo en Ti!

"Se puso a insultar a Ganesh como un loco. Entonces de repente notó que algo lo cogía por el cuello. Miró hacia abajo. Era la trompa de un elefante. Estaba apretándolo y empujándolo contra la pared. Entonces una voz dijo:

"–Tú, criminal. Más te vale llamar ahora mismo a tu contable. Dile que venga.

"Así que gritó y gritó y, finalmente, de alguna manera, el contable le oyó. Vino corriendo. La voz dijo:

"–Ahora, dile que le dé un millón de rupias a ese pobre mendigo.

"¿Estáis entendiendo la historia? Así que le dio un millón de rupias al mendigo. Y después de eso, debido al contacto con Ganesh, la mente de este hombre cambió completamente. Esa noche fue a su casa, dio la mitad de sus riquezas a su familia y la otra mitad la repartió entre toda la gente pobre que conocía. Se fue, se sentó debajo de un árbol y empezó a hacer prácticas espirituales. Alcanzó la paz mental. Se entregó a Dios y alcanzó la paz mental."

Los turistas estaban escuchando esta historia, y le dijeron:

–Swamiji, es una historia muy bonita, pero, ¿cómo vamos a creer que algo así pueda pasar? ¿Que un Ganesh de piedra pueda adquirir vida, coger a alguien por el cuello y hacer todas estas cosas, hablar y todo eso?

Entonces le preguntaron:

–¿Has visto a esa persona? ¿Puedes darnos alguna prueba? ¿Conoces a alguien que lo haya visto?

Entonces el swami, con una mirada muy serena en la cara –porque siempre parecía sereno, había alcanzado la paz mental– dijo:

–Yo era ese mercader.

Más estrofas de Bhartrihari

Así es cómo alguien cambió por el contacto con Dios, podríamos decir; pero mucha gente ha cambiado por el contacto con la Madre y desde ese momento ha llevado una vida espiritual. Cuando hemos cambiado y hemos decidido dedicarnos a obtener algo eterno, cuando hemos empezado a ver el mundo como algo muy transitorio, que nada dura mucho tiempo, como hemos leído en esas primeras setenta o setenta y cinco estrofas, sobre cómo todo lo que estamos valorando tanto en este mundo –nuestro cuerpo, nuestra riqueza, nuestra familia, todo– simplemente se está desvaneciendo ante nuestros ojos, y que nosotros también vamos a irnos, y que el supuesto profundo amor y el apego que todos parecen sentir unos por otros también puede disiparse en cualquier momento, entonces, ¿que hace a continuación una persona así? Ahí es donde dejamos el *Vairagya Satakam* la semana pasada. Después de exponer la naturaleza de maya, de la vida mundana, y darnos una sacudida, Bhartrihari prosigue:

> *"Cuando el honor ha desaparecido, la riqueza se ha arruinado, los que buscan favores han partido desilusionados, los amigos han menguado, los criados se han marchado y la juventud ha decaído gradualmente, sólo queda una cosa apropiada para el sabio: vivir en algún lugar en un bosquecillo en una ladera de un valle del Himalaya, donde las rocas están purificadas por las aguas de la Ganga."*

Así que cuando hemos llegado a ese punto en el que todos los engaños o ilusiones del mundo han desaparecido de nosotros, cuando vemos que no hay nada que merezca la pena en el mundo, entonces, ¿qué es lo que hay que hacer a continuación? Ir a la orilla de la Ganga en el Himalaya a hacer sadhana para conocer a Dios. Eso es lo que hizo Bhartrihari. Por eso dice que eso es lo que debemos hacer.

> *"Los rayos de la luna son preciosos. Los terrenos herbosos en las cercanías de los bosques son preciosos. Los relatos y la literatura poética son preciosos. El rostro de la amada nadando en las lágrimas de una cólera fingida es precioso. Todo es encantador. Pero nada lo es cuando la mente está poseída por la evanescencia de las cosas."*

Así que todas estas cosas son muy hermosas: la hermosa hierba verde en las colinas, la poesía hermosa, la compañía de buenas personas, los rayos de la luna, el rostro de la amada; pero cuando la mente ha despertado al vairagya, cuando se ve que todo es evanescente, que desaparece delante mismo de nuestros ojos, nada vuelve a ser tan precioso.

> *"Los deseos se han agotado en nuestro corazón. La juventud ¡ay! ha desaparecido de nuestro cuerpo. Las virtudes se han mostrado estériles por falta de admiradores apreciativos. La poderosa e implacable Muerte, que todo lo destruye, se apresura a entrar. ¿Qué hacer entonces? ¡Ah! No veo otro refugio que los pies del destructor de Cupido."*

¿Quién es el destructor de Cupido? El Señor Shiva. Porque dicen que cuando el Señor Shiva abrió Su tercer ojo, Cupido, el dios del amor, *kama*, quedó reducido a cenizas. Eso significa, por supuesto, que kama, el deseo sexual, sólo puede ser completamente destruido si se abre el tercer ojo, si surge la visión del Yo o conocimiento de Dios. Esto sólo es posible en el estado de conocimiento de Dios. Así que dice que para llevarme más allá de la muerte, en esta maya que va tan deprisa, la única esperanza que tengo es el Señor.

> *"Sentado en una postura serena durante las noches, cuando todos los sonidos se apagan en el silencio, en algún lugar a orillas del celestial río Ganga que brilla con el resplandor blanco de la brillante y difusa luz de la luna, y temeroso de los sufrimientos del nacimiento y la muerte, gritando fuerte "¡Shiva! ¡Shiva! ¡Shiva!" ¡Ah! ¡Cuándo alcanzaremos el éxtasis que se caracteriza por abundantes lágrimas de alegría!"*

¿Cuándo seremos capaces de sentarnos a la luz de la luna al lado de la Ganga llorándole a Dios, temerosos de los sufrimientos del nacimiento y la muerte? ¿Cuándo obtendremos esa dicha del conocimiento de Dios, cuando las lágrimas de éxtasis caen por nuestras mejillas?

> *"Abandonando todas las posesiones con el corazón lleno de compasión, recordando el curso del destino que acaba tan tristemente en este mundo, y como el único refugio para nosotros, meditando en los pies de Shiva, ¡oh!, pasaremos en el bosque sagrado noches radiantes con los rayos de la luna llena de otoño."*

Así que, ¿cuál es triste final de nuestro destino? La muerte.

> *"¿Cuándo pasaré los días como un momento, viviendo a orillas de la Ganga en Varanasi, vestido sólo con un pedazo de tela y con las manos unidas y alzadas hasta la frente, gritando: '¡Oh, Gaurinatha, señor de Gauri, Tripurahara, matador de Tripura, Shambo, dador de todos los bienes, Trinayana, el de tres ojos, ten piedad de mí!'?"*

¿Cuándo llegará ese día en que podré vivir en Kashi a orillas de la Ganga, llorando?

"Los que sólo tienen la mano para comer..."

Eso significa los que ni siquiera tienen una escudilla de mendigar. Algunos sannyasis ni siquiera tienen eso. Sólo van a una casa y tienden las manos pidiendo limosna.

"Los que sólo tienen la mano para comer, que se dan por satisfechos con comida mendigada, que descansan en cualquier parte, que no necesitan ni casa ni comida, que constantemente consideran el universo como una brizna de hierba, que, incluso antes de dejar el cuerpo, experimentan la incesante Dicha Suprema, para esos yoguis, en verdad, el camino de fácil acceso se vuelve alcanzable por la gracia de Shiva."

El camino que es *moksha*, la liberación suprema.

"Oh, Madre Lakshmi, Diosa de la riqueza, sirve a algún otro. No suspires por mí. Los que desean placeres están sujetos a Ti, pero, ¿qué eres Tú para nosotros, los que estamos libres de deseos?"

Todos en este mundo –excepto los sannyasis– le rezan a Lakshmi. De uno u otro modo, directa o indirectamente, hacen todo lo que pueden para conseguir a Lakshmi, que significa la riqueza, la prosperidad, el disfrute, el placer. Pero los sannyasis no tienen ninguno de esos deseos. Quieren algo más que la felicidad mundana o la dicha mundana. Quieren la dicha del conocimiento de Dios. Así que Lakshmi, por favor, no vengas a mí. Ve a esas personas que te quieren.

"La tierra es su cama. Los brazos su almohada. El cielo es su dosel. La brisa es su ventilador. La luna es su lámpara. Y, disfrutando en compañía de la renuncia como su esposa, el sabio yace feliz y pacíficamente como un monarca en toda su gloria."

Qué imagen tan bonita. Para un Mahatma, la Madre Naturaleza lo es todo. La brisa es su ventilador. La luna es su lámpara. El desapego, la renuncia, su esposa, y yace como un rey en su inmensa gloria.

"¿Vendrán a mí esos días felices en los que, a orillas de la Ganga, sentado en la postura del loto, sobre un pedazo de roca en el Himalaya, entraré en samadhi debido a una práctica regular de la meditación en Brahman, y en los que hasta los antílopes, sin nada que temer, frotarán sus miembros contra mi cuerpo?"

¿Llegarán alguna vez esos días felices en que me sentaré en *samadhi* en los Himalayas y estaré tan absorto en Dios que hasta los antílopes me confundirán con un árbol y se restregarán contra mí? Esta es la última estrofa:

"¡Oh tierra, mi madre, oh viento, mi padre, oh fuego, mi amigo, oh agua, mi pariente, oh cielo, mi hermano! Os ofrezco mi último saludo con las manos unidas. Habiendo desechado maya con su maravilloso poder gracias al amplio conocimiento, puro y resplandeciente, alcanzado por los méritos adquiridos en mi relación con todos vosotros, ahora me uno a la realidad suprema, Brahman."

Namah Shivaya.

Satsang en el M. A. Center, 1994
Cinta 5 – Cara A

El bhajan como sadhana

*"Al atardecer la atmósfera está llena de vibraciones impuras.
Este es el momento en el que el día y la noche se encuentran,
y es el mejor momento para que los sadhaks mediten, porque
se puede conseguir una buena concentración."*

¿A qué se refiere la Madre aquí, diciendo que la atmósfera se vuelve impura al atardecer? Porque en ese momento el sol se está poniendo y muchas actividades negativas tienen lugar después de la puesta del sol. Negativas en el sentido de cosas que van a perturbar la paz mental de un *sadhak*. Por ejemplo, todas las clases de robos y engaños y esa clase de cosas normalmente sólo se realizan de noche, y sucede muchas veces. Quizá nosotros no hagamos esas cosas, pero eso no significa que nadie las haga. Hay muchas personas que cometen robos y engaños y lo hacen al amparo de la noche.

Otra cosa es que cuando llega la noche el deseo de disfrute, de placer, aumenta. Durante el día todo el mundo ha estado trabajando y de noche quieren pasárselo bien. Así que esas vibraciones están en la atmósfera y es muy difícil para una persona que está intentando meditar. Así que la Madre dice que en ese momento la atmósfera no es pura. Y, como decíamos ese día en que discutíamos estos párrafos, la tierra no es sólo un trozo de tierra y agua. Es un ser vivo. Igual que nosotros no sólo somos un cuerpo físico, que es el aspecto más tosco de nuestro ser. Tenemos una mente. Está la fuerza vital y también el alma, que es el "yo", que es el yo real. Es el núcleo más íntimo que hay dentro del cuerpo, podría decirse. El cuerpo sólo es la parte física del yo. Del mismo modo, la Madre Tierra, o Bhudevi, como la llaman en las escrituras, su forma física es lo que llamamos la tierra. Y tiene fuerza vital, y tiene una mente, y además tiene un alma exactamente igual que nosotros. El alma no tiene tamaño o forma, y por eso la Madre Tierra no es ni mayor ni menor que nosotros. Podría decirse que el alma sólo es un punto.

Pero igual que nuestro cuerpo experimenta cambios durante el día, del mismo modo la Madre Tierra experimenta también cambios. Imaginaos que fuésemos un microbio o algo parecido dentro de nuestro cuerpo. Ya sabéis que no somos los únicos que estamos en este cuerpo. Pensad en ello. ¿Qué es lo que pasa cuando muere el cuerpo? Lo entierran, los gusanos se lo comen. ¿De dónde vienen? No de fuera. Están dentro.

O suponed que el cuerpo no está sano, que es víctima de muchas enfermedades. Y los gérmenes que ya están allí se vuelven más fuertes. La fuerza vital se debilita y entonces el cuerpo enferma y muere.

Así que suponed que sois un microbio dentro del cuerpo de alguien y que esa persona se acaba de dar la vuelta. Pensaríais: "Oh, no, viene otro terremoto." O está roncando, y podéis pensar: "Oh, no, un volcán está a punto de estallar." Igualmente, nosotros también somos muy diminutos, minúsculos, y estamos en el cuerpo de la Madre Tierra. Ella tiene sus estados de ánimo, podríamos decir, sus momentos del día. Por la mañana, por ejemplo, algunas personas se despiertan y están muy frescas. Pueden hacer su meditación o lo que tengan que hacer. Algunas personas no pueden levantarse por la mañana aunque les vaya la vida en ello. Se sienten muy mal. Todo es muy lento y desagradable.

Algunas personas son personas nocturnas, están llenas de vida por la noche. Algunas personas no se pueden quedar despiertas después de cenar.

Así que nuestro cuerpo tiene sus momentos. Del mismo modo, Bhudevi también tiene sus momentos. Además de las pequeñas vibraciones que creamos en esta tierra, estas motitas que somos con todos nuestros pensamientos, Bhudevi irradia de diferentes maneras a distintas horas.

Las horas de la tarde y las horas de la mañana no se consideran buenas para el sadhak, para alguien que quiere controlar la mente. Un sadhak es una persona que debe tener una mentalidad como muy de negocios, es decir, tiene que economizar su tiempo. Es exactamente igual que un hombre de negocios que siempre observa para ver cuándo son las horas punta, cuando toda la gente va a estar andando por la tienda: ese es el momento en que va a colocar todo a la vista y con muy buen aspecto, para poder aprovechar esas horas. Porque antes y después de eso, no es que no vaya a vender nada, pero a esa hora es cuando va a vender más.

Del mismo modo el sadhak debe buscar cuál es el mejor momento para hacer sus prácticas espirituales. Eso no significa que no debamos hacer prácticas espirituales en otros momentos, pero a esa hora es cuando obtenemos el mayor beneficio. Así que la Madre dice que, aunque la atmósfera esté impura en ese momento, aunque haya más vibraciones mundanas, de una u otra manera esa es también la mejor hora para intentar hacer tus prácticas. Hay algún otro elemento en la atmósfera, y cualquiera que lleve algunos años haciendo sadhana lo puede sentir. En ese momento, justo antes de la salida del sol, justo después de la puesta de sol, la mente se vuelve más serena.

Lo que la Madre dice aquí es:

*"Si no se hace sadhana surgirán más pensamientos munda-
nos. Por eso al atardecer hay que cantar bhajans en voz alta.
De este modo también se purificará la atmósfera."*

La Madre dice que lo que sucede en este momento es que
la *kundalini shakti*, la fuerza vital que está en nosotros y en la
Madre Naturaleza, se fortalece. Cualquier cosa que tengamos
dentro empieza a salir. Si somos predominantemente espirituales
a esa hora nos volveremos más espirituales. Nuestra tendencia a
meditar, a pensar en Dios o a rezarle a Dios o a cantar bhajans,
será mucho mayor. Intuitivamente querremos hacer esas cosas.
La gente mundana que no tiene ninguna tendencia espiritual se
sentirá mucho más activa de un modo mundano. Sus deseos de
actividad mundana, placer, disfrute, sueño, aumentarán mucho
más a la hora de la puesta de sol. La Madre dice que un sadhak
debe usar ese tiempo porque es posible que incluso las vasanas,
las malas vasanas, las vasanas mundanas, empiecen a aumentar.
Debe usarlo del mejor modo posible y luchar contra las fuerzas
negativas en esos momentos.

La mayoría de nosotros ni notamos estas cosas. Nos levan-
tamos por la mañana, vamos al cuarto de baño, desayunamos,
vamos al trabajo, volvemos, hacemos algo y después nos dormimos. Así es la vida de la mayor parte de la gente. Pero un
sadhak no es así, Un sadhak tiene que estar muy alerta a todo
lo que sucede, tanto fuera como dentro de su propia mente. Las
palabras de la madre van dirigidas a personas que quieren estar
alerta, que quieren ser cuidadosas y aprovecharlo todo para su
progreso espiritual.

La Madre Naturaleza tiene tres aspectos. Uno es *sattva*. Sattva
significa en calma, sereno, tranquilo. Pensad en una masa de agua
que está muy en calma o cuando estáis en la cima de una montaña
y miráis una amplia extensión. ¿Cómo se siente la mente en ese
momento? Ese es el sentimiento sáttvico.

Después viene *rajas*. Rajas es la actividad, la inquietud, la ambición. Así que es calor, actividad. Su color es el rojo. El color de sattva es el blanco. Y después *tamas*. Tamas es la inercia, la pesadez, las equivocaciones, el error, el sueño, la pereza, la indiferencia, la inflexibilidad, el aferrarse a algo aunque no sea bueno o sea incorrecto. El color de tamas es el negro. Es inerte.

El bhajan es una sadhana rajásica. Es una sadhana que implica mucha actividad. Estás usando el cuerpo, estás usando la mente, estás usando los sentimientos, lo estás usando todo. No estás desconectándolo todo e intentando mirar hacia el interior, hacia la fuente. Lo estás tomando todo y concentrándolo en un punto.

El bhajan no es una sadhana sáttvica porque es muy activa. La Madre está diciendo que esa es la clase de sadhana necesaria para combatir las influencias negativas de las horas del atardecer. A veces es bueno combatir el fuego con el fuego, y éste es un ejemplo.

"Hijos, como en Kali Yuga la atmósfera está llena de sonidos, para conseguir concentración el bhajan es mejor que la meditación."

Estaba pensando en este párrafo cuando meditábamos al comienzo del satsang hace cinco minutos, y precisamente estaba escuchando todos los sonidos. Había un avión pasando por encima, un niño pequeño llorando en algún lugar, una vaca mugiendo, alguien estaba abriendo y cerrando una puerta al otro lado de la casa. Tantos sonidos. Los pájaros gorjeaban. Es algo inevitable. Para una persona cuya mente no es fuerte, cuya mente no está concentrada, cualquier pequeño sonido se convierte en una molestia cuando intenta meditar. Así que la Madre dice que de acuerdo, no tenemos que luchar contra los sonidos del Kali Yuga. Vamos a ahogarlos con nuestros bhajans.

Recuerdo un incidente muy gracioso en Vallickavu, hace mucho tiempo. Todos estábamos sentados juntos una tarde y los vecinos, que estaban sólo a unos diez o quizás quince metros de nosotros, empezaron a discutir. Bueno, decir "discutir" sería quedarnos cortos. Aquello era una guerra. Chillaban, gritaban, se tiraban cosas, ya sabéis, no nos lo podíamos creer. Yo nunca había oído a nadie pelearse así. Era realmente una batalla con todas las de la ley. Y en ese momento estaba llegando mucha gente para recibir el darshan de la Madre. ¿Sabéis lo que nos dijo que hiciéramos? Allí teníamos una especie de sistema de sonido. No era un sistema de sonido de tecnología muy moderna. Era bastante malo. Pero nos dijo: "Ponedlo a todo volumen." Así que pusimos una cinta de bhajans a un volumen tan alto que ni siquiera se podía oír lo que había en la cinta. Estaba muy distorsionado; pero por lo menos tampoco podíamos oír lo que estaba pasando en la casa de los vecinos. ¡No podíamos oír nada más que ruido!

Cuando leo este párrafo, me acuerdo de ese principio de la Madre. Probablemente por eso dijo esto, porque también estaba pensando en aquello. Así que podemos superar los ruidos haciendo más ruido. Esta es una de las razones por las que cantamos bhajans. Probablemente eso no nos ha sucedido a ninguno de nosotros, aquí no estamos cantando bhajans por eso, pero es una razón. Si intentas meditar, la mente se distraerá con cualquier pequeño sonido. Pero cuando cantamos bhajans, los sonidos externos no intervienen en absoluto en lo que se refiere a la concentración o la distracción. Por supuesto, la razón por la que cantamos bhajans es que nuestro corazón participa en ellos. Se nos abre el corazón y en ese momento conseguimos más concentración que en cualquier otro momento de nuestra vida. Y por eso es una sadhana muy eficaz.

"Para la meditación es necesario un entorno tranquilo. Por esta razón, los bhajans son más eficaces para conseguir concentración. Cantando en voz alta los otros sonidos que podrían distraernos se superan y se logra concentración. Más

allá de la concentración está la meditación. El bhajan, la concentración, la meditación, esta es la evolución. Hijos, la meditación es el recuerdo constante de Dios."

¿Qué es este *Kali Yuga* del que está hablando aquí la Madre? Al comienzo del párrafo dice: *"En el Kali Yuga hay muchos sonidos."* El Kali Yuga, hablando tradicionalmente, es un período de tiempo. Es como la Edad de Hierro. Está la edad de oro, la edad de plata, la edad de cobre y todas estas diferentes edades. Así que el Kali Yuga es la edad del materialismo. Es cuando el materialismo se impone durante un período de tiempo muy largo. He pensado que podía leer un pequeño fragmento sobre Kali Yuga, que fue escrito hace muchos miles de años, antes incluso de que empezara, por un sabio que estaba describiendo lo que iba a ocurrir en el futuro.

Cuando escribió esta descripción, las cosas no eran como hoy, en absoluto. La gente tenía una mentalidad muy *dhármica*. Vivía al estilo tradicional. Su ideal era el dharma, cumplir con su deber, conseguir la visión de Dios, hacer cosas buenas todo el tiempo. Una vida muy bien regulada. Así que es una maravilla lo atinado que estuvo este mahatma cuando escribió esto.

Está hablando del progreso del tiempo y dice que cuando empiece el Kali Yuga...

"A partir de entonces, día tras día por la fuerza del todopoderoso Tiempo, la rectitud, la pureza de mente y de cuerpo, el perdón, la compasión, la duración de la vida, la fuerza corporal y la agudeza de la memoria decaerán. En el Kali Yuga la riqueza será el único criterio de nobleza, y la riqueza será el único criterio de moralidad y de mérito. Además, la fuerza será el único factor que determine el derecho. El gusto personal será el factor decisivo a la hora de elegir compañero para la vida y el engaño será la fuerza motivadora en las relaciones de negocios.

"La justicia tendrá todas las posibilidades de estar viciada por la incapacidad de satisfacer a los que la administran. La falta de riquezas será la única prueba de impiedad. Y la hipocresía será la única piedra de toque de la bondad. Llevar el pelo largo se considerará el único signo de belleza. Llenarse el estómago será el único fin buscado por el ser humano. La destreza consistirá en sostener a la propia familia. Las acciones virtuosas sólo se realizarán con el objeto de ganar fama. Y, cuando de esta manera el globo terráqueo esté invadido por gente malvada, la persona que demuestre ser la más poderosa se convertirá en el gobernante.

"La gente, despojada de su riqueza por gobernantes codiciosos y despiadados que se comportan como ladrones, se irá a las montañas y los bosques y vivirá de hojas y raíces, miel, frutas y flores. Ya oprimidos por el hambre y los impuestos, la gente perecerá por la sequía, el frío, las tormentas, la luz del sol, las fuertes lluvias, las nevadas y el conflicto mutuo. En la edad de Kali, los seres humanos estarán atormentados por el hambre y la sed, las enfermedades y las preocupaciones, y su edad máxima será de sólo veinte o treinta años."

Esto, por supuesto, no se refiere a ahora mismo. Habla a partir de esa época hasta el final del yuga. Va a ir cada vez peor. Al final, la gente vivirá sólo veinte o treinta años.

"Cuando, por el efecto maléfico de Kali, los cuerpos de los hombres se reducen de tamaño y se demacran, el recto sendero descrito por los Vedas se pierde. Entonces la religión es sustituida en gran medida por la herejía y la mayor parte de los gobernantes resultan ser ladrones; los hombres se dedican a ocupaciones diversas como el robo, la destrucción gratuita de la vida, etc., y las vacas se reducen hasta el tamaño de las cabras y empiezan a dar tan poca leche como éstas. Las

plantas anuales se quedan achaparradas y la mayor parte de los árboles disminuyen de tamaño. La mayor parte de las nubes terminan descargando relámpagos en lugar de derramar lluvia. Y la mayor parte de las viviendas tienen un aspecto desolado por falta de hospitalidad con los desconocidos.”

Esto es muy interesante. ¿Habéis entrado alguna vez en una casa que pareciera tan desolada que preferiríais no estar allí aunque hubiera gente viviendo en ella? Esto es lo que dicen los sabios. La razón son las malas vibraciones que hay allí, normalmente la tacañería de la gente que vive allí. No ofrecen ninguna hospitalidad a las personas que vienen a su casa. Sólo quieren librarse de ellas lo antes posible para no tener que darles de comer o darles algo. O la gente siempre está discutiendo en esa casa, así que las vibraciones son negativas. Aunque no sepamos cuál es la causa, podemos notar el efecto. Igualmente, si vais a una casa en la que la gente cante bhajans y haga meditación regularmente y celebre satsang por las tardes, sentiréis paz en su casa.

“De este modo, cuando el Kali Yuga, cuyo curso es tan riguroso para la gente, esté casi llegando al final, el Señor aparecerá para la protección de la virtud.”

Al final del Kali Yuga dicen que Bhagavan Vishnu, el Señor Vishnu, se encarnará como un avatar igual que se encarnó como avatar en Krishna y Rama. Volverá con la forma de Kalki. Hará que las cosas mejoren mucho. Se convertirá en la edad dorada; pero eso no es ahora. Será muchísimo más tarde, dentro de unos 420.000 años. Y de todos los yugas, de todas las edades, esta es la más corta. Nuestro sentido del tiempo no es como el sentido del tiempo de Dios. El tiempo de Dios es igual que el tiempo de la Madre Naturaleza. Podemos plantar una semilla y volver una hora después a ver si está germinando, pero ese no es el tiempo de Dios. Dios pondrá la semilla y, por lo tanto, Dios la hará germinar. Puede tardar meses o puede tardar un año entero. Pueden hacer falta veinte años para tener un árbol con sus frutos. Así que el sistema de los yugas es muy grande desde nuestra visión del tiempo.

"Si se cantan bhajans sin concentración, sólo es un gasto de energía. Si se cantan con la mente concentrada, serán beneficiosos para el que los cante, el que los escuche y también para la naturaleza. Estas canciones ayudarán a despertar la mente del oyente en su debido momento."

Así que debemos recordarlo. Esto es muy importante porque los bhajans son una parte muy esencial de la sadhana en presencia de la Madre, y en la vida de la Madre y en la vida de sus devotos. Debemos cantarlos con concentración. Cuando cantamos debemos intentar conscientemente concentrar la mente en un punto. Ese punto puede ser cualquier cosa. Puede ser entre los ojos o puede ser una forma, o puede ser un sentimiento o una luz o cualquier cosa en la que queráis concentraros. Pero intentad llevad la mente a un punto y, con todo vuestro sentimiento, intentad fusionar la mente con ese punto y concebirlo como lo más elevado. Si una persona canta bhajans así o si te sientes afectado por los bhajans de alguien, es un síntoma de que esa persona está cantándolos con mucha concentración. No tiene nada que ver con la calidad o el tono de su voz. Si una persona es capaz de despertar la espiritualidad de otras personas con su canto, es por lo concentrada que está su mente.

El emperador de la India Akbar y el músico Tansen

Hay una bonita historia al respecto. Había un gran músico llamado Tansen. No sé hace cuánto tiempo que vivió Tansen. ¿Hace cuatrocientos o quinientos años? Fue cuando Akbar era emperador de la India en Delhi. Así que Tansen era el músico de la corte de Akbar. Todos debéis de haber oído hablar de Akbar. Era un rey famoso. Akbar no era un fanático. Era un rey muy tolerante que patrocinó todas las distintas artes y todas las distintas religiones. La música de Tansen era fantástica. Nunca ha habido un músico tan grande como Tansen. Por eso era una de las joyas de la corte de Akbar. Un día Akbar estaba pensando: "Si Tansen es tan soberbio, ¿cómo será su guru? Verdaderamente quiero oír a su guru cantar una canción."

Le dijo a Tansen:

—Quiero oír a tu guru cantar una vez.

¿Qué podía decir Tansen? Era un empleado. Dijo:

—De acuerdo. Vamos allá.

Así que se fueron a Brindavan. Brindavan no está muy lejos de Delhi. Ahí era donde estaba su guru. Brindavan es un lugar sagrado de la India, igual que Jerusalén es un lugar sagrado de Occidente. Brindavan es uno de los lugares más sagrados de la India. Ahí es donde nació Krishna y donde vivió durante muchos años. Hay miles de ashrams en Brindavan. Así que fueron al ashram de su guru Haridas Swami. Todavía hoy se puede ir a ese ashram y su tumba está allí, el samadhi está allí, y hay una presencia tremenda, una paz tremenda en ese entorno.

Fueron allí y Akbar se había vestido como un plebeyo. El swami estaba sentado en su cuarto; entraron, se inclinaron ante él y se sentaron. Haridas miró a Akbar y dijo:

—Oh, ha venido el emperador.

Comprendió inmediatamente quién era gracias a su visión divina. Akbar no dejaba de hacerle signos a Tansen para que le pidiera al guru que cantara una canción. Pero, ¿sabéis?, no es correcto pedirle a un mahatma que cante canciones. Tansen era muy inteligente, así que ¿qué es lo que hizo? Cantó una canción que Haridas le había enseñado, pero cometió algunos errores. Así que Haridas cantó la misma canción correctamente para enseñarle cómo cantarla. Y cuando Akbar oyó la canción, entró en éxtasis.

Entonces los dos se despidieron de Haridas y volvieron a Delhi. Todo el tiempo Akbar estaba pensando en la dicha que había experimentado con esa canción. Llamó a Tansen al día siguiente y le dijo:

–Tansen, no puedo olvidar la dicha que obtuve de aquello. Quiero que vuelvas a cantar esa canción para mí.

Tansen cantó la misma canción, y Akbar se quedó allí sentado con cara seria.

Cuando se acabó, dijo:

–No siento nada. ¿Cuál es el problema? Era la misma canción.

Entonces Tansen dijo:

–Maharaj, si no te enfadas conmigo te diré cuál es el problema.

Akbar dijo:

–De acuerdo, dime qué es.

Él respondió:

–Mi guru estaba cantando para complacer a Dios. Yo estoy cantando para complacerte a ti.

Cantar para complacer a Dios en lugar de cantar para complacer al público es algo muy distinto. Puede ser muy bonito, puede ser muy agradable, pero no hay comparación. Es como la diferencia entre el día y la noche.

Así que cuando cantamos bhajans esa debe ser nuestra meta, tener tanta concentración que nos absorbamos en Dios, y todos a nuestro alrededor sentirán ese amor y esa absorción en el corazón.

Namah Shivaya.

Satsang en el M. A. Center, 1994
Cinta 5 – Cara B

La comida y la sadhana – 1

antes de la gira estábamos leyendo "Para mis hijos", de la Madre, el librito de trescientos párrafos, y habíamos llegado al párrafo ciento sesenta y seis. Era el capítulo sobre el egoísmo. Ahora llegamos al capítulo siguiente, que trata de la comida.

"Sin renunciar al sabor de la lengua no se puede disfrutar del sabor del corazón."

Esta es una expresión muy mística, como todas las expresiones de la Madre. La comida es muy importante, como mínimo. La vida depende de la comida. Si miráis el reino animal, los animales se pasan la mayor parte de la vida buscando comida y el resto durmiendo. La mayoría de nosotros se gana la vida para poder comer y, en segundo lugar, para disfrutar y sobrevivir teniendo una casa y otras comodidades. Pero la finalidad principal del dinero es la vida, la comida. Mucha gente se pasa horas cocinando y limpiando después de cocinar, y también yendo a comprar cosas para cocinar. La Madre no está criticando la comida. A la comida se la considera una manifestación de Dios. La comida es Brahman. Esto es lo que dicen las *upanishads*. Pero está diciendo que, aunque la comida sea importante, el sabor no es lo más importante. No es tan importante como la comida. Este párrafo habla más del sabor que de la comida.

El ser humano no es sólo un cuerpo físico que sobrevive gracias a la comida. Tiene cinco envolturas, tiene cinco cuerpos, llamados *koshas* en sánscrito. Igual que una cebolla tiene anillos alrededor del centro, del mismo modo alrededor del *Atman*, alrededor del "Yo", el ser, el alma, hay cinco capas.

La capa más externa es el cuerpo tosco, el cuerpo físico que está hecho de comida. Se le llama el *annamaya kosha*, el kosha que está hecho de *annam*, comida. También está el *pranamaya kosha*, la capa o envoltura que está hecha de fuerza vital, la fuerza de la vida en nosotros. Después el *manomaya kosha*, que es la parte de nuestro ser que siempre está pensando y sintiendo, en otras palabras la mente, la electricidad estática o el ruido que se produce en el interior. Y después, cuando ese mismo órgano, la mente, se usa para pensar en algo específico, para discernir, para entender, para decidir, para tomar una decisión, se la llama *vijnanamaya kosha*, el intelecto. Es el mismo órgano interno, la mente, pero en ese momento su función es entender. Y cuando experimentamos alguna felicidad debido a nuestra vida sensorial, esa felicidad no viene de los sentidos sino de algo llamado el *anandamaya kosha* o el cuerpo de dicha. Cuando te duermes estás muy sereno y feliz, no quieres despertar, y esa dicha viene del *anandamaya kosha*. Cuando obtienes algo que deseas y te sientes tan feliz, esa dicha viene del *anandamaya kosha*, la envoltura de la dicha.

Pero el ser más interior, el sujeto de todas estas cosas, el núcleo de todas estas cosas, es el "Yo", y eso es el alma, el Atman. Este es más importante que cualquiera de los otros. Cuando el Atman deja el cuerpo, cuando el alma deja el cuerpo, todo esto se queda atrás. El cuerpo físico se queda atrás y la fuerza vital, la mente, la lleva consigo para ocupar el siguiente cuerpo. Pero la esencia de esto es nuestro auténtico Yo, que es el Atman, que es el "Yo" que brilla en nosotros. Y ese "Yo" siempre está ahí, siempre lo podemos percibir, pero está mezclado con estas otras cinco cosas. Cuando escuchas cantar a un grupo de personas, un coro, y conoces a una de las personas del coro, puedes oír su voz pero realmente no puedes distinguirla, no puedes separarla del resto de las voces. Así que la voz del "Yo" siempre está ahí, dentro de todos nosotros, en todo momento, pero está mezclada con estos otros cuerpos.

La madre dice que el cuerpo físico que está hecho de comida no es lo más importante. Lo más importante es quiénes somos, el "Yo", el Atman. Pero nuestra vida sensorial nos mantiene ocupados casi todo el tiempo, así que no somos conscientes de esa verdad, la dicha inmortal de nuestro propio Yo, el Atman. Nuestra mente siempre se dirige hacia el mundo exterior. A menos que haya cierto grado de retraimiento de la vida sensorial, no podemos percibir el sabor de nuestro Yo real, porque estamos completamente sumergidos en las cosas exteriores.

¿Sabéis? Mucha gente llega a una etapa de su evolución espiritual en la que se siente así. Simplemente no está satisfecha con lo que hay fuera. Entonces empieza a mirar hacia dentro, y en esa etapa puede experimentar algo gracias a la relación con alguien como la Madre. ¿Qué es lo que experimenta, de qué está tan embriagada? Cuando una persona se levanta del regazo de la Madre, esa mirada de dicha en su cara... en otros momentos no tiene ese aspecto. En ese momento está experimentando algo. Ha vislumbrado algo. En ese momento, si te acercas a ella y le preguntas: "Eh, ¿puedes decirme qué hora es?" quizá ni te mire. No quiere dirigirse hacia fuera; no quiere tener que mirar hacia fuera. Aunque toda su vida esté todo el tiempo en el exterior, en ese momento su mente está yendo a las profundidades de su interior y está saboreando la paz y la dicha que se obtiene en la presencia de la Madre. Incluso durante un buen bhajan, si alguien te llama y dice "¿Vamos fuera a charlar?" ni siquiera lo mirarás. ¿Por qué? Porque la mente está yendo más allá del cuerpo físico, más allá de la fuerza vital, más allá del pensamiento, más allá del intelecto. Está tocando el Yo. Está acercándose a la realidad interior. Así que cuando empiezas a experimentar eso, sientes que la vida sensorial se convierte en una distracción.

La Madre está diciendo que también es cierto que reduciendo los estímulos sensoriales podemos experimentar lo que está dentro. Si lo obtenemos espontáneamente por la gracia o por la presencia de un mahatma, se reducen automáticamente. Pero también puede suceder lo contrario, que mediante una cierta cantidad de control de los sentidos podamos experimentar lo que está dentro de nosotros.

Ir hacia adentro, más allá del cuerpo físico

"Sin renunciar al sabor de la lengua no se puede disfrutar del sabor del corazón."

Si siempre miramos hacia fuera, no podemos experimentar la dicha que está dentro. La Madre dice que la dicha está en el corazón, con lo que no se refiere al corazón físico, sino al núcleo del propio ser, el lugar en que reside el Atman. Hay un dicho: "Donde está Rama no está *kama*, y donde está kama no está Rama." ¿Qué significa esto? Kama significa deseo, o podríamos decir placeres mundanos. Así que donde hay placeres mundanos, y donde está el deseo, en ese momento no podemos hablar de la presencia de Dios. Son los dos extremos opuestos del péndulo, por decirlo así. Y cuando estás hablando de Dios, en ese momento, o cuando estás experimentando a Dios, en ese momento no puede haber deseo o placer mundano exterior.

"No es posible afirmar categóricamente que esto puede comerse y esto no puede comerse. Dependiendo de las condiciones climáticas, la influencia de la dieta en nosotros

*también cambiará. Los tipos de comida evitados aquí pueden
ser útiles en el Himalaya".*

Según las personas realizadas como la Madre y los antiguos
rishis, este mundo tiene un doble aspecto. Hay un mundo físico,
indudablemente; pero todos los objetos físicos también tienen
una vibración sutil. Ya sabéis, en los últimos veinticinco o treinta
años esa palabra se ha puesto muy en boga: "vibración". No es
algo nuevo. Hace miles de años los antiguos sabios sintieron que
todo tenía una vibración y que además todo recibe vibraciones.
No es sólo que todo esté irradiando, es como una radio de dos
direcciones, no un aparato receptor corriente. Estamos enviando
nuestras vibraciones, las estamos recibiendo. No sólo los seres
humanos, todo: lugares, comidas, gente, pensamientos, acciones,
palabras, todo tiene vibraciones. El universo entero es una inmensa
red, podríamos decir, una inmensa matriz de vibraciones, todas
basadas en un sustrato que no vibra que se llama Dios o Brahman.

Estas vibraciones se dividieron básicamente en tres categorías,
llamadas *gunas*. Muchos de vosotros quizás hayáis leído la *Bhagavad Gita*, y ahí se explica bien la filosofía de los gunas.

Voy a leer unas pocas estrofas de la *Gita* para que tengáis una
idea de qué son estos tres *gunas*, o cualidades, o vibraciones. Uno
es el *sattvaguna*, que es el *guna* de la paz, la armonía, la felicidad.
Después está el *rajoguna*, que es el guna de la actividad y también
de la perturbación. Luego el tercero es el *tamoguna*, que es el guna
de la inercia, la torpeza, la pereza, el error.

Los gunas en las acciones y en las personas

Así que vamos a empezar con las acciones de las distintas
clases de gunas.

"Una acción que está prescrita, que está libre de apego, que es realizada sin amor u odio por alguien que no desea el fruto, esa acción es sáttvica."

En otras palabras, una acción en la que no se está apegado a los resultados y en la que se está equilibrado y en calma, esa clase de acción es *karma sáttvico*, acción sáttvica.

"Pero la acción que es realizada por alguien que anhela el placer o por alguien egocéntrico, que provoca muchos problemas, esa la declaran rajásica. La acción que se emprende por engaño, por error, sin tener en cuenta las consecuencias, la pérdida, los daños y la incapacidad, esa la declaran tamásica."

Eso significa que cuando nuestra mente está embotada, no tenemos en cuenta todas estas cosas, caemos en el error y después realizamos una acción, es una acción tamásica.

"Libre de apego, no dada al egocentrismo, provista de firmeza y de vigor, indiferente al éxito y al fracaso, de esa persona se dice que es sáttvica."

Ahora estamos hablando de personas.

"Apasionada, deseosa de obtener el fruto de la acción, codiciosa, cruel, impura, sometida a la alegría y a la tristeza, de esa persona se dice que es rajásica."

La mayor parte de la gente del mundo es rajásica. No hay muchas personas sáttvicas, gente que esté libre de apego, que no sea egocéntrica, que esté equilibrada en el éxito y el fracaso. ¿Cuántos de nosotros somos así? A eso es a lo que aspiramos.

Cuanto más nos acerquemos a la naturaleza sáttvica más cerca estaremos de nuestro verdadero Yo, el Atman.

"Inestable, grosera, inflexible, engañosa, malvada, indolente, degradada y que aplaza las cosas, una persona así es tamásica."

Estas son las diferentes clases de personas, y cuando oímos o leemos esto, podemos ver dentro de nosotros dónde encajamos. Ninguno de nosotros es completamente sáttvico o rajásico o tamásico. Estamos hechos de una mezcla de estas cosas. Así que la finalidad de aprender esto es que podamos eliminar las dos más bajas, las cualidades tamásicas y rajásicas, y volvernos puramente sáttvicos.

La Madre dice que una mente sáttvica es como un lago en calma en el que se puede ver el reflejo del sol, o se puede ver la perla o la joya que brilla en el fondo por lo calmado que está. La mente rajásica es como la superficie quebrada por el viento y las olas, de modo que no se puede ver nada más que imágenes fragmentadas. La mente tamásica es como el agua muy turbia. No se puede ver nada.

La importancia de la mente

Cuando la Madre dice que hay que comer unos alimentos y no otros, no está hablando de lo que es bueno para la salud y lo que no es bueno para la salud. Hay muchas personas que nos pueden decir eso; es una gran industria. Pero no todo el mundo sabe lo que es bueno para nosotros espiritualmente, qué es lo que hay que comer para nuestro bien espiritual, para volvernos sáttvicos, y qué es lo que no debemos comer, qué nos va a volver más rajásicos y tamásicos. Y, a decir verdad, a nadie le preocupa todo eso excepto a los aspirantes espirituales. A los aspirantes espirituales les preocupa más su mente que su cuerpo. Saben que el cuerpo es perecedero, que se va a ir en cualquier momento. Podemos salir por la puerta y que nadie vuelva a vernos. En cuanto nacemos, nos ponemos en la cola, tenemos nuestro billete para partir, para dejar el mundo, pero no sabemos el número que tenemos.

El cuerpo está aquí hoy y mañana se habrá ido. Pero la mente, la mente es lo importante, más importante que el cuerpo, porque la mente permanecerá en el siguiente nacimiento. Sea cual sea el cuerpo que obtengamos, la misma mente estará ahí. Y cuanto más sáttvica se vuelva la mente más cerca estaremos de percibir el Atman. Y entonces esta historia de nacer y luego morir y nacer y morir se habrá terminado. Será como despertar de una larga pesadilla. La dicha que estamos buscando siempre en este mundo la encontraremos en ese estado, la encontraremos en nuestro propio Yo. Así que es sumamente importante que purifiquemos la mente, que volvamos sáttvica la mente.

Así que la Madre dice que, mientras estemos viviendo en este mundo de vibraciones, intentemos comer sólo cosas sáttvicas.

La cuestión es: ¿qué es comida sáttvica? También viene en la *Gita*, y aquí están las estrofas que hablan de esto:

"La comida que le gusta a cada persona también es de tres clases. Los alimentos que aumentan la vida, la energía, la fuerza, la salud, la alegría y la jovialidad, que son sabrosos y oleaginosos, sustanciosos y agradables, les gustan a las personas sáttvicas. Los alimentos que son amargos, ácidos, salados, demasiado calientes, acres, secos y ardientes les gustan a los rajásicos, y provocan dolor, tristeza y enfermedad. La comida rancia, insípida, hedionda, podrida e impura le gusta a los tamásicos."

(*Risas*) Sí, hay diferentes clases de personas y cada uno tiene su propio gusto. Así que, básicamente, estas son las diferentes clases de comidas.

Pero lo que está diciendo la Madre es que a veces algo que es de un guna puede cambiar según el clima. Por ejemplo, el té. El té en un clima cálido como en el sur de la India es rajásico. Es un estimulante, un fuerte estimulante. Pero si vives en Tíbet, donde hace mucho frío, tienes que tomar té o no vas a sobrevivir. Además, allí no hay ninguna verdura. Tienen cebada pero prácticamente ninguna verdura, así que comen carne. La carne se suele considerar tamásica; pero en Tíbet, donde no hay otro modo de vivir, no es tamásica en absoluto. Es lo que te da la vida.

Teniendo esto en cuenta, la Madre dice que no se puede decir categóricamente que esto sea bueno y aquello malo. Cambia según el clima. Lo que es bueno aquí quizás deba evitarse allí y viceversa. Pero en general estas categorías son aplicables. Debemos intentar aprender qué es sáttvico, qué es tamásico, qué es rajásico, e intentar limitarnos a lo que sea sáttvico. Es decir, si somos realmente serios en cuanto a nuestro progreso espiritual.

Todas estas cosas de las que habla la Madre son para la gente seria. Los libros que se han publicado, las palabras que ha dicho, son para sadhaks serios, aspirantes serios, no para los que sólo tienen un interés superficial en la espiritualidad, para los que sólo es una diversión, o es agradable, o es un placer. No. Es para los que piensan: "Oh, puedo morirme cualquier día, y no he descubierto mi Yo, realmente no he logrado la felicidad. ¿Cuál es la solución? Voy a hacerme viejo, voy a enfermar, voy a morir. Todas estas cosas también me van a pasar a mí. ¿No hay alguna salida?"

¿Conocéis la historia del Señor Buda? Todo el mundo conoce esa historia. Él pensaba que todo estaba bien, que la vida iba a ser una fiesta hasta el final, que iba a ser joven y estar sano, a pasárselo bien. Entonces, ¿qué pasó? ¿Qué pasó? ¿Purna?

(*Purna*) –Vio a personas viejas y enfermas.

–Bien. ¿Algo más?

(*Purna*) –Vio a un *sadhu*.

–Vio a un *sadhu*, y también vio a una persona muerta. Entonces le preguntó a su sirviente:

–¿Esto sólo les pasa a ellos o también me va a pasar a mí?

Entonces Channa, su sirviente, le dijo:

–Todo el mundo enferma, todo el mundo envejece, todo el mundo muere, hasta tú, hasta tu esposa, Yasodhara, hasta el rey, todo el mundo.

Entonces él dijo:

–Oh, me siento mal, llévame otra vez al palacio.

Empezó a pensar: "¿Cuál es el modo de librarse de esto? No quiero pasar por eso, es horrible."

Y empezó a pensar en el sadhu que estaba sentado debajo del árbol. Estaba meditando, estaba intentando librarse de lo inevitable. Así que decidió que "éste es mi camino", y se fue.

No estoy diciendo que todos tengamos que dejarlo todo e ir a sentarnos bajo un árbol y meditar hasta alcanzar la iluminación. Esa no es la idea. La seriedad es mirar cómo es la vida y no perderse en maya sino ver la seriedad, la necesidad de la vida espiritual. Si no tenéis eso, pensad al menos en lo que habéis obtenido de la presencia de la Madre, el satsang, qué hay de la dicha, el gozo, la paz, ese sentimiento incomparable que sentíais en la presencia de la Madre cuando estaba aquí, cuando la vida espiritual se volvía una realidad en lugar de una mera afición.

Estas palabras son para esas personas serias.

El control del hambre

"Cuando uno se sienta a comer, no debe empezar hasta haberle rezado a Dios. Por eso se canta un mantra antes de comer. El momento adecuado para poner a prueba nuestra paciencia es cuando tenemos la comida delante."

Esta es una práctica espiritual, eso es lo que está diciendo la Madre, recitar tu mantra, recordar a Dios antes de comer. En otras palabras: quedarse inmóvil sentado aunque se te esté haciendo la boca agua y pensar en Dios. Es un gran tapas, es una austeridad, es muy difícil, cuando hay algo justo delante de ti que quieres disfrutar, y decir: "No, espera un minuto, voy a pensar en Dios o voy a meditar". Ese es el momento de hacerlo. Nuestro carácter se pone a prueba frente al hambre. Puedes saber realmente cómo es una persona cuando tiene hambre. Se dice que hasta algunos santos, incluso santos, pueden echarlo a perder todo por culpa del estómago. Es un impulso muy poderoso, el impulso del hambre.

Muchos de vosotros quizá hayáis leído la historia de Kuchela, el devoto de Krishna. Cuando él y Krishna eran jóvenes, los enviaron al bosque a recoger madera para su guru, y la esposa del guru les había dado un paquete de algo para comer, para que tuvieran un pequeño tentempié mientras estaban allí. Pero, desgraciadamente, empezó a llover a cántaros. Se quedaron ahí fuera sin poder moverse; no podían volver, así que se refugiaron en los árboles. Krishna estaba en un árbol y Kuchela estaba en otro. Kuchela empezó a tener mucha hambre. Sabía que Krishna era Bhagavan, sabía que Krishna era Vishnu, el Señor Vishnu. A pesar de eso, empezó a comer. Ni siquiera le preguntó a Krishna: "Eh, ¿quieres comer? ¿Quieres algo?" Empezó a comer, y cada vez quedaba menos, y cuando llegó al cincuenta por ciento, siguió, se lo comió todo, no le dio nada a Krishna, no le dijo ni una palabra a Krishna. Y, ¿sabéis?, durante muchos años después de eso vivió pobremente. Al final, por supuesto, obtuvo la gracia de Krishna y se volvió muy rico, pero eso fue cuando ya era un anciano. Así que, aunque tenía esa conciencia de Dios, aún así su estómago lo venció.

Yo lo sé, tuve una experiencia parecida. Me da un poco de vergüenza hablar de ello, pero creo que tiene algún valor, por eso lo voy a contar. Yo estaba sirviéndole a alguien, a un anciano. Él tenía un problema de acidez, acidez de estómago, así que le gustaba el yogur dulce, el yogur antes de ponerse agrio. Yo no estaba enfermo pero también me gustaba el yogur antes de agriarse. Así que este caballero había ido a un templo e iba a volver a comer, y yo le preparaba la comida. Cuando abrí el armario descubrí que había dos tarritos de yogur. Uno estaba muy agrio, el otro estaba dulce. Bueno, él no sabía que había dos. Así que, antes de que llegara, me zampé el dulce. A pesar de todo mi respeto y todas mis buenas intenciones —estaba sirviendo a esta persona—, pero ese sabor, ya sabéis, fue más fuerte que yo. Mi estómago, mi lengua, me vencieron. Esto me pasaba siempre en esa etapa de mi vida, que siempre que cometía un gran error, al minuto siguiente recibía un golpe en la cabeza. Él vino, se sentó, tomó la comida y al final estaba comiendo el yogur, y dijo:

—¡Oh, qué agrio está esto! ¿No había ningún yogur dulce aquí? No puedo creer que no hubiera ningún yogur dulce.

Así que tuve que admitir lo que había hecho. Dijo:

—Eso está muy bien. Eres un gran sadhak, un gran devoto.

Por supuesto, él no era Bhagavan Sri Krishna, así que no tuve que sufrir mucho por ello, pero aprendí la lección para toda la vida de que no tenía que hacer eso, que tenía que darme cuenta de cómo la lengua nos hace sus esclavos y cómo tiramos por la borda nuestro discernimiento.

Por otra parte, está la historia de la mangosta de oro del *Mahabharata* —muchos de vosotros conocéis esa historia— en la que el rey Yudhisthira de los Pandavas celebró un gran sacrificio védico y regaló millones de dólares. Dio muchísimos regalos a miles de personas, y era la comidilla de Delhi. De hecho, en aquellos días era la Vieja Delhi; se llamaba Hastinapura. Al final, justo al final de este sacrificio, una mangosta vino y se revolcó en la suciedad donde se había realizado toda la ceremonia. Todos lo vieron, y pensaron: "Qué criatura más extraña". Y cuando se levantó, se dieron cuenta de que un lado del cuerpo, la mitad del cuerpo, era de un bello color dorado, y la otra mitad sólo era de un color marrón corriente. Así que le preguntaron a la mangosta –uno de ellos tenía siddhis y podía hablar con los animales– así que le preguntaron a la mangosta:

–Eres una mangosta de aspecto muy extraño. ¿Cómo es que tienes dorado medio cuerpo y tu color normal en el otro medio?

Entonces ella contó esta historia que os voy a contar muy resumida. Hace algunos años hubo una hambruna terrible, y ella recorría el país en busca de algo que comer. Había una pobre familia que estaba a punto de morirse de hambre. De alguna manera consiguieron sólo un poco de trigo, lo molieron y convirtieron en harina, e hicieron unas pocas *chapattis*. Estaban a punto de comer; podéis imaginaros lo hambrientos que estaban en ese momento. Imaginaos: no habéis comido durante dos o tres semanas, estáis temblando, estáis a punto de desplomaros, estáis muy hambrientos, en el estómago tenéis un fuego voraz. Y entonces conseguís tres o cuatro trozos de pan...

Justo en ese momento llegaron tres invitados, uno detrás de otro. A cada invitado le daban un trozo de pan, y entonces venía el siguiente invitado, etc. Al final no quedó nada. En ese momento, cuando regalaron el último trozo de pan, todos ellos alcanzaron un nivel de experiencia muy elevado y fueron liberados al instante.

Esa mangosta se acercó para comerse las migas que habían caído de la boca de estas personas. Después de comerse las migas, se quedó allí tumbada un momento y, cuando se levanto, la mitad de su cuerpo era dorado. Estaba tan enamorada del dorado, de ese color tan bonito, que quería conseguir igualar la otra mitad. Así que iba a todos estos grandes lugares de peregrinación y donde la gente hacía grandes pujas y daba muchas limosnas y hacía servicio desinteresado y todo eso, y entonces se revolcaba en la tierra en la que estaban haciendo esas cosas, y se miraba para ver si su otra mitad se había vuelto dorada. Así que le dijo al rey Yudhisthira:

—Esta gran cosa en la que has gastado todos estos millones de dólares y has dado tantos regalos a tantas personas, no es nada en comparación con estas personas que sólo dieron tres trozos de pan.

Esto demuestra la grandeza de ser capaz de controlar el hambre. Sólo una gran persona puede hacerlo.

"Un asceta no necesita deambular en busca de comida. La araña teje su tela y se queda en su sitio. No va a ningún lugar buscando comida. Su presa se quedará enredada en la tela. Del mismo modo, la comida del asceta le llegará por medio de Dios, pero debe ser una persona totalmente entregada a Dios".

Estamos hablando de un sannyasi, no estamos hablando de la mayoría de nosotros. Pero un verdadero sannyasi, una persona que haya dejado todas las cosas de la vida mundana y viva sólo para conocer a Dios, una persona así no debe pensar siquiera en su comida y de dónde va a venir. No necesita hacer ningún esfuerzo. Si está pensando o está esforzándose todo el tiempo por conocer a Dios, la comida tiene que llegarle.

Dios cuida de Sus devotos

La Madre solía contar la historia del hombre que oyó esta enseñanza en un satsang y decidió que iba a comprobarla. ¿La recordáis? Este hombre decidió que iba a ver si realmente Dios le alimentaría si no hacía ningún esfuerzo. Así que pensó: "No sólo Dios debe traerme la comida, sino que también tiene que metérmela en la boca. Sólo así creeré". Así que estaba sentado en el pueblo, en su choza, y estaba repitiendo su mantra y recordando a Dios todo el tiempo. Entonces pensó: "Esto no está bien. Si estoy aquí sentado alguien puede pasar por delante y pensar 'Oh, pobre hombre, quizá no haya comido hoy'. Realmente tengo que irme del pueblo. Voy a adentrarme en el bosque". Así que se fue al bosque y se sentó debajo de un árbol. Se puso a repetir su mantra.

Entonces oyó un ruido de alboroto al otro extremo del bosque, y a medida que se acercaba pudo oír que se trataba de un puñado de pendencieros. Ladrones. Acababan de cometer un gran robo y estaban entrando en el bosque. Pensó: "!Pueden matarme!" Se subió al árbol. Estaba sentado en el árbol y mirando lo que pasaba, y los ladrones vinieron y pusieron todas las bolsas de las cosas que habían robado ahí abajo y sacaron el almuerzo.

Justo entonces uno de ellos dijo:

–Vamos a darnos un baño en el río que está ahí al lado y luego volveremos para disfrutar de nuestra comida.

Así que se fueron de ahí y volvieron después de bañarse. Justo en ese momento el hombre del árbol estornudó; no pudo evitarlo, estornudó. Ellos miraron arriba y lo vieron en el árbol. Dijeron:

–¡Eh, tú, baja aquí!

Le hicieron bajar. Entonces pensaron: "Ha visto todo esto que hemos robado. Debe de haber bajado cuando fuimos al río para envenenar nuestra comida y se va a asegurar de que todos muramos para quedarse con todo." Así que decidieron que iban a hacerle comer la comida. Lo bajaron, cogieron la comida y se la metieron en la boca a la fuerza.

En ese momento el hombre comprendió que lo que había oído en el satsang era cierto. Por supuesto, la historia tiene un final feliz: la policía llegó corriendo al bosque, atraparon a los ladrones y se los llevaron. Y este hombre siempre vivió feliz desde ese momento.

Esto no es para todos, aunque de vez en cuando haya habido alguna rara persona de familia, una persona corriente, no un sannyasi, que ha vivido así. Muchos de vosotros habréis oído hablar de Tukaram. Él vivía así. Era un santo de Maharashtra; era una persona casada, tenía hijos, tenía un negocio. Pero siempre repetía el nombre de Dios, todo el tiempo estaba recitando el nombre de Dios y meditando, todo el tiempo, y dedicaba muy poco tiempo a todo lo demás. Nunca estaba preocupado por lo que le fuera a suceder a él a o su familia. Y, por supuesto, siempre estaba protegido; pero tuvo que padecer muchos sufrimientos, y su familia también padeció muchos sufrimientos. Pero a pesar de ello sus necesidades estaban cubiertas. Y se hizo famoso. Probablemente hoy no haya nadie en la India que no sepa quién es Tukaram.

Seamos un buen ejemplo para que los demás lo imiten

"En las etapas iniciales el sadhak debe ejercer control sobre la comida. Una alimentación incontrolada producirá malas tendencias. Cuando se han sembrado las semillas hay que tener cuidado de no dejar que los cuervos las picoteen. Cuando la semilla se ha convertido en un árbol, cualquier pájaro puede posarse en él o construir un nido allí. Ahora mismo, hay que controlar la alimentación y hacer sadhana. En una etapa posterior se puede comer comida picante, amarga o incluso no vegetariana y no os afectará. Hijos, sólo porque la Madre os diga que en una etapa posterior se puede comer cualquier alimento, no comáis esos alimentos ni siquiera entonces. Debéis vivir como modelos para el mundo. Entonces los demás aprenderán al observaros. No uséis sustancias que sean picantes y amargas delante de una persona que padezca de ictericia. Aunque nosotros mismos no tengamos esas enfermedades, debemos tener autocontrol por el bien de los demás."

Había una vez un médico y había un paciente. El paciente vino a verlo desde un lugar muy alejado. Tenía diabetes. El médico le hizo el diagnóstico y le dijo:

–Tiene diabetes.

Pero no le dio ningún tratamiento. No le dio ninguna receta. Le dijo al hombre:

—Vuelva mañana.

Entonces el hombre le dijo:

—Señor, ya he venido desde tantos kilómetros, e irme a casa ahora y volver mañana será realmente difícil.

El médico le dijo:

—De todos modos no puedo darle ninguna receta ahora, así que vuelva mañana.

El hombre se fue. Mientras tanto la enfermera estaba ahí, y le dijo:

—Doctor, qué cruel eres. ¿Por qué no le has dado la receta y no le has dicho lo que debía y no debía hacer?

Entonces el médico dijo:

—¿No ves este cuenco con caramelos en mi mesa? Si le hubiera dicho "No tome azúcar, no tome caramelos", habría pensado: "Me está diciendo que no coma caramelos y azúcar pero *él* está comiendo caramelos y azúcar."

Así que la Madre está diciendo que podemos haber llegado a una etapa en la que el fuego del *jnana*, el fuego de la sabiduría, la luz del conocimiento puede estar brillando en nuestro corazón, podemos haber purificado la mente tanto que vivamos en presencia de Dios. En ese caso, cualquier cosa que comamos sencillamente se quema, hasta su parte sutil queda destruida. Pero la gente corriente ni siquiera puede concebir eso, su mente está completamente influida por lo que comen; así que debemos ser un buen ejemplo para ellos. Ellos pueden admirarnos por muchas buenas razones; así que, por su bien, debemos dar buen ejemplo incluso en nuestra comida.

Voy a leer un poco más de lo que dice la *Gita* sobre ser un buen ejemplo.

"Cualquier cosa que haga una gran persona, las otras hacen eso mismo. Cualquier valor moral que demuestre, el mundo la imitará. Yo no tengo nada en absoluto que conseguir en los tres mundos, ni hay nada por conseguir que Yo tenga que conseguir, pero llevo a cabo acciones. Porque si Yo no actuara nunca, las personas seguirían Mi camino en todo. Estos mundos se destruirían si Yo no realizara acciones. Sería motivo de confusión y destruiría a todas estas criaturas. Como actúan los ignorantes apegados al trabajo, así deben actuar los sabios desapegados por el deseo de proteger a las masas. Que ningún sabio desestabilice la mente de los ignorantes que están apegados a la acción. Debe hacer que realicen todas las acciones, llevándolas a cabo él mismo con devoción."

Una persona sabia, una persona que sea un alma conocedora de Dios, aunque no necesite nada, aunque no necesite hacer nada, puede ser como un avadhuta, estar más allá de todas las reglas y normas. Sin embargo, por el bien del mundo, para dar ejemplo, debe llevar una vida ideal.

Mirad a la Madre. No necesita reglas ni normas. Antes de que ninguno de nosotros llegara, vivía fuera bajo el sol y la lluvia. No se preocupaba de nada ni de nadie. Pero cuando el mundo empezó a acudir a ella, empezó a volverse, al menos en su vida exterior, casi como una persona normal. ¿Por qué razón? Sólo para dar ejemplo, para guiar a la gente que Dios le trajo. Así que también en asuntos de comida, aunque hayamos avanzado tanto espiritualmente que no importe lo que comamos, para dar buen ejemplo, debemos comer comida sáttvica.

¡Om namah Shivaya!

Satsang en el M.A. Center, 1994
Cinta 6 – Cara A

La comida y la sadhana – 2

stamos en el párrafo 173 de "Para mis hijos" y la Madre está hablando de la comida y el gusto, cómo están relacionados con la vida espiritual y cómo debemos regular lo que comemos para progresar espiritualmente. Aunque la Madre está hablando específicamente de la comida que entra por la boca, espiritualmente hablando hay que considerar comida cualquier cosa que entre en nosotros a través de nuestros órganos sensoriales. Lo que oímos, lo que vemos, lo que olemos, lo que saboreamos, lo que tocamos, todas estas cosas, como decíamos la semana pasada, están compuestas por los tres gunas o las tres cualidades de la naturaleza. Está el sattva guna, que es el guna o la cualidad de la paz y la armonía, que ayuda a calmar la mente. Está el rajoguna, la cualidad de la agitación, la actividad, que intranquiliza la mente. Y también esta la cualidad de tamoguna, que es la cualidad de la oscuridad, la inercia, el error, el olvido, que embota la mente y que hace difícil o imposible la concentración.

En este capítulo la Madre habla concretamente de la comida, la comida física, la que nos metemos en la boca. La semana pasada decíamos que la parte física de la comida, la parte que vemos, la parte más burda, es la parte que constituye nuestro cuerpo más burdo, el cuerpo físico. Pero nosotros no somos sólo eso. Esa no es más que la envoltura más externa de nuestro ser. Más sutil que eso, dentro de eso, está la mente, el intelecto. En primer lugar está la fuerza vital, y después está la mente, el intelecto y finalmente el cuerpo de dicha del que surge la felicidad cuando experimentamos felicidad. Y el sujeto de todas estas envolturas, el núcleo de ellas, es el "Yo", es el Atman o nuestro ser real, nuestro verdadero Yo.

Ahora mismo la mayoría de nosotros estamos completamente volcados hacia el exterior. Nos identificamos sólo con la envoltura más exterior de nuestra existencia, aunque seamos conscientes de todas estas diferentes envolturas más nuestro "Yo". No hay nadie que no sea consciente del Yo. Lo único que ocurre es que lo mezclamos con todas estas otras cosas. No somos capaces de separar el "Yo" de sus apéndices, podríamos decir. Y la vida espiritual sólo consiste en eso, en intentar separar lo exterior de la cosa esencial más íntima, el núcleo, que es el Atman, el Yo o el alma. Para que podamos ver que no somos el cuerpo que tiene un alma, sino un alma que tiene un cuerpo.

Aquí está el párrafo de la Madre:

"Alguien dirá que dejar de tomar té o dejar de fumar es fácil; sin embargo, no es capaz de hacerlo. ¿Cómo es posible para alguien controlar la mente si no puede controlar ni estas cosas sencillas? Primero hay que reducir estas cosas sencillas. Si no se pueden cruzar los ríos pequeños, ¿cómo se va a cruzar el océano?"

La Madre está diciendo aquí claramente que tomar té –bajo este encabezamiento podemos meter los estimulantes, cualquier cosa que no nutra el cuerpo– y fumar no son buenos para nosotros si nos tomamos en serio la vida espiritual. ¿Por qué? Porque ya tenemos bastante inquietud mental, nuestra mente ya es bastante errabunda, y la vida espiritual significa intentar concentrar la mente, intentar conseguir paz mental.

La paz mental no viene de la comodidad o la riqueza o las situaciones agradables. Esa sólo es una paz temporal que depende de las circunstancias. La paz mental es la ausencia de pensamiento, y sólo puede adquirirse cultivando la mente mediante la práctica espiritual. Suponed que queréis fortalecer un músculo. El músculo no lo va a hacer solo; tenéis que practicar. Tenéis que levantar pesos pesados, aumentándolos poco a poco. Del mismo modo, la paz mental no es el derecho de nacimiento de nadie, es el fruto de un duro trabajo. Es lo que se intenta con la meditación, es lo que se intenta con los bhajans, es lo que se intenta con el satsang. Si hemos llegado a la conclusión de que la paz mental merece la pena, que es el verdadero objetivo de la vida, tenemos que investigar cuáles son todos los medios, cuáles son las ayudas para alcanzarla.

Para una persona que se tome eso en serio –no para alguien para quien sólo sea una afición o una ocupación de tiempo parcial, sino alguien que haya llegado a la conclusión de que esa es la finalidad de mi vida, voy a lograrlo, voy a intentar conseguir que mi mente deje de divagar y se quede completamente inmóvil y en calma– para esa persona, la Madre está estableciendo estas reglas o dando estas sugerencias.

El té, el café, cualquier cosa que estimule los nervios no es buena porque contribuye a la inquietud de la mente. Podemos pensar: "Bueno, ¿qué más da? Cuando me siente a meditar no tomaré té o café". Pero la meditación, o sentarse a meditar, sólo es el comienzo de la vida espiritual. Es sólo cosa de principiantes. Tenemos que hacer eso un par de veces al día para adquirir el hábito. Pero debe haber un esfuerzo constante de intentar controlar la mente errabunda. Esa es la verdadera vida espiritual. Eso es la meditación. Tomar té y café también nos estimulará la mente en otros momentos y hará que sea difícil controlar la mente errabunda. Fumar atasca el sistema nervioso. Por supuesto, todo el mundo sabe –hasta el jefe del servicio federal de sanidad lo sabe– que es malo para la salud. Pero a la Madre esto no le preocupa en este preciso instante. También dice determinadas cosas sobre lo que es bueno y malo para la salud. Lo que le interesa principalmente es nuestra mente y nuestro espíritu, no necesariamente tanto nuestro cuerpo. Nuestro cuerpo vino hoy y se irá mañana, pero la mente es eterna, durará mucho más tiempo, hasta que descubramos nuestra verdadera naturaleza, el Atman. Así que el cuerpo sólo es algo temporal. Más importante que el cuerpo es la salud de la mente.

La Madre dice que fumar atasca el sistema nervioso, vuelve nuestra mente tamásica. La vuelve torpe. Hace que sea difícil concentrarse, entender, esforzarse. Determinadas comidas son así; los alimentos pesados son así, las cosas grasientas, la comida rancia. Leímos algo de esto el otro día en la *Bhagavad Gita*, donde se dividen los alimentos en diferentes categorías: sáttvicos, tamásicos, rajásicos. Esos alimentos son tamásicos y fumar es un hábito tamásico.

Pero las personas que llevan una vida espiritual dicen: "Oh, puedo dejar el té y el café", pero no pueden dejar el té y el café, o de fumar. Piensan: "¿Qué más da, al fin y al cabo?" Si da lo mismo, ¿para qué hacerlo? Ella está diciendo: "Si es difícil hacer eso, ¿qué decir del verdadero trabajo?" Eso significa que dejar un hábito físico no es el verdadero trabajo, que sólo es el trabajo de preparación. Eso no es lo difícil. Lo difícil es dejar los hábitos internos. Sabéis que hay un principio en la naturaleza de que lo sutil es más fuerte que lo tosco, que lo tosco tiene su origen en lo sutil. Es mucho más poderoso. Del mismo modo, es la mente la que es mucho más poderosa que los hábitos físicos. De hecho, estos llegan a existir por la mente. El cuerpo sólo es una cosa inerte. Es un instrumento de la mente. No tiene voluntad propia.

Estos enemigos interiores, estos inmensos océanos, son mucho más difíciles de cruzar que sólo unos pocos ríos pequeños como fumar y beber. ¿Y cuáles son esos océanos interiores? Hay seis enemigos interiores principales para un sadhak, para una persona espiritual. De hecho son enemigos de todos. Aunque estamos hablando de la vida espiritual, la vida espiritual no significa irse, renunciar a todo y convertirse en un monje. La vida espiritual es la vida humana. Es necesaria para todos para tener éxito, para ser felices. La espiritualidad es una necesidad. No es ni siquiera una elección. Al final, todos los seres llegan a ella.

¿Cuáles son estos seis enemigos? *Kama*, que es el deseo; *krodha*, la ira; *lobha*, la codicia; *moha*, el apego; *mada*, el orgullo; y *matsarya*, la envidia. Estos son los seis enemigos que siguen viniendo y causándonos tantos problemas a nosotros y a los demás. Estas son las cosas que siempre nos distraen. Siempre provocan conflictos en nuestra vida. Así que tenemos que recordarlas. Tenemos muchas, muchas cualidades. La mente tiene infinitas ramificaciones. Los sabios y las personas como Bhagavan Sri Krishna llegaron en su análisis hasta la esencia, y es que estos son los grandes alborotadores. Estos son los rufianes, podríamos decir, la Mafia de la mente. Si los atrapas, si los metes en la cárcel, todo irá bien.

Merece la pena repetir lo que son, pero esta vez prescindiremos del término sánscrito. Deseo, ira, codicia, apego, orgullo, envidia. Estos son los alborotadores. Y cada uno de ellos es como un océano. Puedes pensar que te has librado de uno, y luego vuelve a salir. Piensas: "Oh, nunca me enfado", y entonces alguien te hace algo y te enfadas. Piensas que estás más allá de todos los deseos y tentaciones e inmediatamente eres víctima de ellos. Puedes pensar que estás muy desapegado, pero cuando alguien te deja o alguien te trata mal, te sientes muy desgraciado. Tu vida dependía de esa relación o de esa persona. Puedes pensar que no tienes codicia. Pero miras una cosa deseando que fuera tuya, "oh, qué cosa más bonita", en lugar de estar completamente satisfecho con lo que tienes.

La historia del tapas de Vishwamitra Maharshi

Hay una historia de un sabio que personifica estas tres primeras cualidades. Es una bonita historia, pero la vamos a contar abreviada. Es la historia de Vishwamitra Maharshi.

Vishwamitra era un rey. Un día fue al ashram de un mahatma, Vasishta Maharshi, un alma realizada, un *brahmarishi*, un sabio brahmán que había alcanzado el conocimiento de Dios. Vishwamitra era un *kshatriya*, un miembro de la casta guerrera.

Vasishta le sirvió una suntuosa comida a él y a todos sus soldados y todos sus cortesanos. Vishwamitra pensaba: "¿Dónde habrá conseguido toda esta deliciosa comida y todas estas provisiones en este pequeño ashram en el quinto pino?" Le preguntó a Vasishta:

—¿De dónde ha salido toda esta comida? Ni siquiera veo un cocinero. Al fin y al cabo, hemos llegado hace sólo una hora y nos has servido una comida de diez platos. Tu esposa es una señora de noventa años, así que no puede haber hecho todo esto.

Vasishta respondió:

—Tengo una vaca, una vaca mágica, que da todo lo que se le pide. No sólo leche, da todos los productos, ya preparados. Es como una máquina de comida rápida. Da comidas, da todo lo que quieras.

Vishwamitra quería ver esa vaca. La vio y dijo:

—Escucha, un sadhu como tú, un pobre sabio del bosque, no necesita una vaca como esta. Sería una gran cosa para mí. Yo soy un rey. Tengo que alimentar a miles de personas en el palacio todos los días y necesitamos muchas provisiones y muchas cosas. Esta vaca es sencillamente excesiva para ti. Puedes conseguirlo todo pero no necesitas nada. Así que quiero la vaca.

—No, lo siento, no puedo darte la vaca porque la necesito para mi puja —dijo Vasishta—. Me da leche todos los días y uso la leche y el yogur y el ghi para mi culto diario.

Entonces Vishwamitra se enfadó. Dijo:

—No, me llevo la vaca.

E intentó llevársela.

Se entabló una gran lucha. ¿Entre quiénes? Entre Vishwamitra y su ejército por un lado y Vasishta por el otro. El pobre anciano Vasishta, que probablemente tenía unos ciento veinticinco años en esos momentos. Pero tiene la vaca de su parte. Así que la vaca hizo aparecer soldados en lugar de comida y la lucha empezó. Vishwamitra fue derrotado y volvió a su país. Pero llegó a esta conclusión:

—Eso es verdadero poder. Ese pobre brahmán realmente tiene poder, poder espiritual. ¿Para qué sirve ser rey? Quiero convertirme en un brahmarishi como él. Haré meditación. Haré tapas, penitencia.

Así que se fue al bosque e hizo penitencia. ¿Qué sucedió? Mientras tanto Indra vio a Vishwamitra haciendo tapas y pensó: "¿Para qué está haciendo tapas? Quiere conseguir mi puesto, quiere convertirse en el rey del cielo." Así que envió a una hermosa dama, que se llamaba Menaka. Era una doncella celestial, una ninfa. Distrajo a Vishwamitra y este acabó más o menos casándose con ella. Supongo que podríamos decir que se convirtió en su novia. ¿Durante cuánto tiempo? ¡Doce años! Doce años; no se dio cuenta de cómo pasaba el tiempo; simplemente pasó, así. También tuvo una hija, Sakuntala. Después de doce años se dio cuenta de lo que había ocurrido, que había olvidado su meditación y su tapas. Tardó doce años en darse cuenta de que había dejado de meditar. En ese momento comprendió por qué había pasado eso. Indra era el autor de esta trastada. Así que se enfadó mucho y maldijo a Menaka.

De nuevo se sentó a hacer tapas. Pero había gastado toda su energía con Menaka, y además de eso se había enfadado, así que perdió todos los beneficios que había obtenidos en todos esos años de meditación. Se sentía muy desgraciado. "Mirad lo que me ha pasado. Fui víctima del deseo y la ira, y la codicia ha causado todo esto porque quería esa vaca. No dejaré que vuelva a ocurrir nunca más."

Se fue a otro lugar y se sentó de nuevo a meditar. De nuevo Indra envió a otra dama. También se distrajo con ella, pero decidió que por lo menos no iba a enfadarse. No la maldijo. Así fue pasando una cosa tras otra. No podía superar su ira. Ese era el gran problema para él, a pesar de tanta meditación y tanto tapas. Se quedó de pie sobre un dedo del pie durante cincuenta años. Se alimentó de una respiración al año. Nunca dormía, ni de día ni de noche. Se quedaba fuera bajo la lluvia o el sol. Aún así, surgía un pequeño problema y se enfadaba. "Pequeño" quiere decir que no eran problemas tan pequeños. De todas formas, no podía controlar su ira por mucho que lo intentara. Lo peor era que, a pesar de todo, Vasishta no quería aceptarlo como brahmarishi.

Por fin no pudo soportarlo más. Decidió que iba a matar a Vasishta. Tenía mucha envidia y estaba muy enfadado. Se dijo: "Si este es el único modo en que puedo vencerlo y conseguir su puesto, merece la pena matarlo". Tan perversa se había vuelto su mente. Así que fue al ashram una noche de luna llena. Se escondió a hurtadillas detrás de la cabaña y estaba dispuesto a liquidar a Vasishta.

Justo entonces, Vasishta estaba dando una charla. Se estaba celebrando un satsang. Les dijo a los brahmacharis y las brahmacharinis del ashram:

—Veis la hermosa luna en el cielo, cómo da luz al mundo entero y hace que todos estén tan felices y calmados y refresca el calor del día. Del mismo modo, ese gran mahatma que está haciendo tapas en el bosque, ese Vishwamitra, da paz al mundo.

Cuando Vishwamitra oyó eso, toda su ira se disipó. Se volvió como un niño inocente. Se arrepintió de todas las cosas malas que había hecho, se acercó y cayó a los pies de Vasishta. Se agarró a los pies de Vasishta. Vasishta dijo:

—¡Levántate, *brahmarishi*, levántate! ¿Por qué estás tumbado? Eres un brahmarishi, no por *tu* tapas sino porque te has vuelto puro e ingenuo.

Este es, en último término, el único modo de que nuestra mente llegue a volverse completamente pura. Para librarse de estas vasanas tan profundamente arraigadas, estos océanos de vasanas, tenemos que hacer práctica espiritual. Pero en último término depende de la gracia de un mahatma, exactamente igual que Vishwamitra obtuvo la gracia de Vasishta. Podemos pensar que es imposible hacerlo, pero sé de algo que sucedió en mi propia experiencia que demuestra que podemos vencer esos hábitos.

Había un chico que vivía en Bombay y era científico. Bebía unas treinta tazas de café diarias. Masticaba hojas de betel, una clase de estimulante; quizá veinte paquetitos de hojas y nueces de betel diarias. Todo su salario —en aquellos días ganaba un sueldo bastante bueno— el salario entero, excepto el dinero para el alquiler, se lo gastaba en café y hojas de betel y lo poco que comía. Nunca tenía realmente mucha hambre porque comía y bebía todas esas cosas. Me quedaría corto si dijera que estaba "tenso". Estaba "electrificado", como si una fuerte corriente eléctrica le recorriera el cuerpo todo el tiempo. Así estaba de estimulado.

Pero al mismo tiempo estaba muy apegado a la Madre. Acudió a la Madre. Le dijo:

—Quiero dejar mi antigua vida. Quiero vivir a tus pies, Madre.

Y ella dijo:

—De acuerdo; pero sólo te dejaré vivir aquí si puedes dejar estos dos hábitos.

Bueno, fue una lucha para él y tuvo éxito durante unos pocos días. Después volvió a la Madre y le dijo:

—Madre, no puedo controlarme.

Ella dijo:

—No me extraña. Tómate un caramelo cada vez que sientas el deseo de tomar café o masticar betel.

Así que estaba tomando montones de caramelos. Estaba supersaturado de caramelos. Pero no funcionó.

Un día dejó el ashram y se fue a un café y se tomó un café y un paquete de nueces y hojas de betel. Nadie se lo dijo a la Madre, nadie lo sabía siquiera. Lo había hecho a escondidas. Debe de haber sido de noche o cuando todos estaban meditando. Él estaba meditando en el café. Así que salió para recibir el darshan del café. Y, cuando volvió, la Madre lo llamó. Y le dijo:

—No puedes engañarme. Sé lo que has hecho. Te dije que si no podías vencer ese hábito no podías quedarte aquí.

Se sintió tan mal, hasta el fondo de su ser, que desde ese día nunca volvió a probar el café, nunca volvió a masticar hojas de betel. Un hábito que estaba tan profundamente arraigado lo echó a patadas en ese mismo momento. Tenía la profunda convicción de que "esto no es bueno para mí y no puedo obtener la gracia de la Madre si continúo así." Así que cuando eso entró en su corazón, cuando le llegó al corazón, no sólo a la cabeza, fue capaz de eliminar ese hábito de una vez para siempre.

Así que es posible. Pero la Madre está diciendo que, si no puedes vencer ni siquiera estos hábitos, ¿cómo vas a vencer estos grandes océanos de la ira y las cualidades negativas de la mente?

El poder del pensamiento

Ahora aquí hay algo que puede sonar un poco extraño en este mundo occidental, pero debemos oírselo decir a la Madre.

"Al principio un sadhak, un aspirante espiritual, no debe comer nada de las tiendas."

Podríamos decir "en los restaurantes".

"Al coger todos y cada uno de los ingredientes, el único pensamiento del tendero es cómo obtener más beneficio. Cuando haga té, estará pensando: '¿Hace falta toda esta leche? ¿Por qué no puedo reducir la cantidad de azúcar?' De este modo sólo pensará en cómo reducir la cantidad para obtener más beneficio. La vibración de estos pensamientos afectará al sadhak."

Aquí en el mundo occidental, y más y más en todo el mundo, la vida social es muy importante. Nunca se piensa que los restaurantes sea un lugar al que no haya que ir. De hecho, todo el mundo sale a comer. En algún lugar he leído que McDonald's hace las suficientes hamburguesas para dar dos veces y media la vuelta a la tierra si se ponen una detrás de otra. ¿Qué tamaño tiene la tierra? Señor Iyer, ¿qué circunferencia tiene la tierra? Usted es el experto.

(*Sr. Iyer*) –Cuarenta mil kilómetros.

–Cuarenta mil kilómetros. Así que ochenta mil más veinte mil son unos cien mil kilómetros de hamburguesas en un año. Eso es sólo una cadena de comida. Eso os dará una idea de cuánto va la gente a los restaurantes. Es impresionante.

Ya sabéis que en los tiempos antiguos no había restaurantes. Como mucho podía haber una posada para viajeros. En la India tenían *dharamsalas*, *annasatras*, donde la gente que iba de peregrinación podía descansar y comer algo. Eran mantenidos gratuitamente por la gente rica –la comunidad más rica, probablemente los comerciantes– para alimentar a los peregrinos. Porque, ¿dónde van a conseguir comida? Estaban caminando y no podían llevarlo todo encima.

Sigue siendo cierto que la comida de tu casa es buena para ti, espiritualmente. Es buena para el cuerpo, es buena para la mente. La comida de los restaurantes no es buena para la mente. Sólo la cocinan con la idea de obtener beneficio. Es el negocio de alguien. No te están dando de comer por amor. Ya sabéis, es como la historia que la Madre cuenta sobre el padre y la hijita que se registran en un hotel. A la mañana siguiente estaban pagando para marcharse y la niñita dijo:

–¡Oh, papá, el personal era tan simpático! Traían hasta la menor cosa, e iban corriendo y toda esa gente nos servía, y en el restaurante también, había gente por todas partes preguntándonos "¿qué quieren?" Eran tan cariñosos, tan amables, nunca he visto a gente tan maravillosa, tan dulce...

Entonces el padre le dijo:

–¿De qué estás hablando? Cuando haya pagado la factura ni siquiera verás a esa gente. La única razón por la que son tan dulces y tan amables es conseguir dinero, eso es todo. Sólo es una fachada, una apariencia. ¡Si no les pagas la factura vas a ver lo amables que son!

Un restaurante, por agradable que sea el ambiente, por deliciosa que parezca la comida, no es bueno espiritualmente. La parte sutil de esa comida, que es la vibración que entra en tu ser, crea la tendencia de desear beneficios en lugar de querer dar, volverse más desinteresado, compartir. Esa codicia se alberga en nuestra mente.

Esa era la primera parte del párrafo. Entonces la Madre cuenta una pequeña historia:

"Había un sannyasi que no tenía el hábito de leer periódicos. Un día surgió en él un intenso deseo de leer el periódico. Después empezó a soñar con periódicos y las noticias. Investigándolo, se descubrió que el sirviente estaba leyendo el periódico cuando le cocinaba la comida. No estaba atento a la cocina sino a la lectura del periódico. Las ondas de pensamiento del cocinero afectaron al sannyasi."

Cuando vais a cocinar, vuestros pensamientos, vuestras vibraciones, van a la comida. Esto no pasa con algo crudo, como un plátano o algo no cocinado. Las personas como la Madre, los mahatmas como la Madre, dicen que la comida cocinada se vuelve sensible a las vibraciones. Las vibraciones de quienquiera que la manipule entran en la comida. En una casa en la que hay cariño, este entrará en la comida y nutrirá la mente de las personas. Pero en un hotel o un restaurante no hay nada de eso. Así que esa vibración también entrará en la comida.

La Madre dice que lo mejor es, al principio –ved, ese es el comienzo de la frase– al principio un sadhak no debe comer nada de restaurantes o tiendas. Así que no tenéis que cumplir esta regla para siempre. Pero la mayoría de nosotros sólo somos principiantes en la vida espiritual. Aunque llevemos veinte años meditando y hayamos visto a todos los mahatmas que hayan venido a Estados Unidos y hayamos estado en la India cuatrocientas veces y hayamos estado en todos y cada uno de los ashrams y nos hayamos quedado cabeza abajo tantísimas horas, aún así no hemos dominado la mente. Sigue vagando y vagando y vagando como el viento. Así que hasta que la mente tenga una paz real y permanente que no sea perturbada por nada, hasta que sintamos la dicha interior sin ninguna causa exterior, hasta que lleguemos a esa etapa de la evolución espiritual, todo nos afecta. Así que un sadhak serio tiene que tener cuidado con estas reglas. Por muy antinaturales que parezcan, por muy difíciles que parezcan, es por nuestro bien, si somos serios. Si no somos serios, podemos hacer cualquier cosa que queramos, sin problema.

Comed con moderación

"No comáis hasta asfixiaros."

¿Cómo se dice eso en inglés americano? No os atraquéis hasta reventar[4].

"La mitad del estómago debe ser para la comida, un cuarto para el agua y el resto para el movimiento del aire."

Eso es, por supuesto, lo ideal. Nunca he conocido a ninguna persona que pudiera cumplirlo. Es muy difícil comer sólo la cantidad necesaria para llenar medio estómago. Pero tenemos que hablar de la meta más elevada, del ideal. Así que la mitad para la comida, un cuarto para el agua y el resto para el aire. Es un principio ayurvédico.

"Cuanta menos comida se coma, más control mental habrá. No durmáis ni meditéis inmediatamente después de comer. De lo contrario no se producirá una digestión adecuada."

Esto es un consejo de salud de la Madre. Una cosa es no comer tanto que se esté a punto de reventar. Una vez vi una vaca en el ashram de Vallickavu. Nadie sabía cuánto había comido. Y ya sabéis que las vacas tienen la fama de que pueden comer hasta morir. A esta vaca le dieron más y más comida. Una persona vio el cubo vacío y pensó: "Oh, pobre vaca, no le han dado nada de comer." Así que dos o tres personas le estaban dando de comer. Por fin, la vaca estiró la pata. Se llenó tanto que casi explotó y murió de indigestión. Algunas vacas, si las sueltas en un pasto verde no saben qué hacer y sencillamente siguen comiendo y comiendo hasta que se mueren. Algunas personas son así. La cosa es tan sabrosa que simplemente siguen comiendo mucho después de que se les haya pasado el hambre. Si entonces les llevas algo, algo que les guste, de repente tienen algo más de espacio para comer. Lo he visto muchas veces. Ya sabéis, el *payasam* es un plato favorito de mucha gente. Os habéis comido esta gran comida india tan buena de siete platos, y estáis a punto de reventar, y entonces alguien viene con algo más de arroz y verduras, o *sambar*, o *rasam*, y te dice: "¿Quieres un poco más de arroz?" "No, no, estoy lleno, estoy hasta aquí." Entonces viene alguien y dice: "No has probado el *payasam*." "Oh, muy bien, tomaré algo de *payasam*." Para entonces le debe estar saliendo por las orejas. Todo el mundo puede encontrar algo de espacio cuando es algo que les gusta.

No hay que comer hasta llegar al punto en que no puedas ni respirar. La razón es que te embotas mucho. ¿Sabéis lo que pasa cuando se come demasiado? Inmediatamente echas una cabezadita. Es bueno si quieres dormir, pero no es bueno si quieres meditar. La Madre dice que no hay que dormir o meditar después de tomar una comida completa. ¿Por qué? Porque si te duermes, el proceso digestivo se frena, todo se apaga, y por eso no tienes una buena digestión y así no obtienes una nutrición adecuada y puedes sufrir una indigestión. Al día siguiente, acidez. Y si meditas, ¿qué es lo que va a pasar? Lo mismo. Porque cuando meditas, la fuerza vital, lo que digiere la comida, también queda frenada. Se canaliza hacia el punto en el que estás meditando. Nadie medita en su estómago, al menos yo nunca he oído hablar de nadie que meditara así. Había un tipo de meditación en el que la gente se miraba el ombligo y meditaba, pero no creo que se practique actualmente.

Normalmente la gente medita o en el corazón o en la frente, o visualiza algo frente a ella. Así que su *prana shakti*, su fuerza vital, está como canalizada hacia un lugar. Llena el cuerpo entero, pero puedes controlarla, puedes enviarla a un lugar o a otro en cierta medida. Incluso puedes enviarla hacia fuera. Cuando hablas con la gente, si miras a esa persona muy fijamente, ella siente algo. Es tu fuerza vital que sale un poco. Es sutil, no se puede ver. Algunas personas pueden ser capaces de verla, pero la mayoría no podemos. Eso es necesario para digerir la comida. No queremos privar al estómago de sus procesos naturales. Así que no meditéis después de una comida completa. Esperad una o dos horas.

Este es el último párrafo de este capítulo:

"Cuando se desarrolla el amor a Dios, es como una persona que tuviera fiebre. La persona afectada por la fiebre no le encontrará ningún sabor a la comida. Aunque sea dulce, la comida sabrá amarga. Cuando sentimos amor por Dios, el apetito disminuye espontáneamente."

Esta es la última palabra. Durante algún tiempo puede ser una lucha el controlar estos impulsos naturales para vislumbrar algo más elevado que la felicidad sensorial o la experiencia sensible. Será una lucha, indudablemente, porque llevamos muchos nacimientos viviendo así. Pero cuando obtenemos alguna verdadera experiencia espiritual, cuando hemos saboreado la dicha de Dios, o la presencia del Atman, entonces es espontáneo. Entonces no te apetece dedicarte a obtener nada exterior a ti; ya no te hace feliz. Se convierte tan solo en una distracción, en una pérdida de tiempo. Cuando empiezas a saborear la experiencia espiritual, te gusta meditar, te gustan los bhajans, te gusta el satsang, te gusta leer un libro espiritual, entonces la vida física se vuelve, ¿cómo decirlo?, casi una experiencia deprimente, podríamos decir. ¿Sabéis? Estás realmente sumergido en un agradable estado espiritual y entonces tienes que pensar en cocinar y en comer y en ir al cuarto de baño y esto y aquello. Se convierte en un dolor de cabeza. Mucha gente tiene mucho tiempo. Algunas personas están jubiladas y dedican toda su vida a la práctica espiritual, y se sienten muy felices haciendo sólo esas prácticas espirituales.

Tras el control mental viene la dicha

Porque, en contra de la creencia popular, la vida espiritual es una vida de dicha. No es una vida de sufrimiento y tristeza. Puede ser una vida de sufrimiento y tristeza sólo durante cierto tiempo. Habéis oído la expresión "la noche oscura del alma". Eso es sólo

---

[4] En inglés, ~~"don't stuff yourself~~ to death" (N. del t.)

una determinada etapa de la vida espiritual; es la primera etapa de la vida espiritual. Cuando has comprendido algunas cosas sientes que la vida espiritual realmente merece la pena y empiezas a hacer práctica espiritual. Pero debido a todos esos hábitos que tenías antes, que habías recibido de la sociedad, de la familia y del mundo, encuentras mucha resistencia. No es tan fácil meditar, no es tan fácil concentrarse, no es tan fácil librarse de los malos hábitos, no es tan fácil adquirir buenos hábitos. Todas estas cosas tan profundamente arraigadas están ahí. Así que entonces empiezas a sufrir: "Oh, qué quebradero de cabeza es esto, qué lucha es esto." La gente te ve con aspecto muy triste, yendo por ahí con la cara larga. Dicen: "Creía que eras una persona espiritual, se supone que debes irradiar dicha divina." Bueno, al principio no es así. Nadie obtiene la licenciatura sin antes recorrer el sistema escolar entero, desde el jardín de infancia hasta la universidad. Es como ver a un niño en el jardín de infancia y decirle: "¿Dónde está tu doctorado?" "¿Cómo voy a tener un doctorado? Todavía no he ido a la escuela."

Así que, ¿cómo vas a obtener la dicha divina sin trabajar por ella? Una de las etapas es esta clase de situación desgraciada, en la que estás luchando con todo lo más burdo de tu personalidad, tu personalidad pasada, tus personalidades de los nacimientos anteriores. Pero cuando vas más allá de eso, el verdín de la superficie del charco se aclara por un momento y ves el agua clara. Cuando empiezas a vislumbrar tu verdadera naturaleza, el Atman, o empiezas a sentir la presencia de Dios, sientes algo de devoción, entonces la vida espiritual se convierte en dicha. Entonces todas estas reglas y normas, todo lo que debe y no debe hacerse, se vuelve muy fácil. Cuando profundizas realmente en ello, te estableces en el Yo o en la presencia de Dios, y entonces se vuelve algo natural. Sólo tienes que cultivarlo. Como dice la Madre:

"Primero viene el ensayo. Después empieza la verdadera representación."

La sadhana es como el ensayo y el estado de dicha es como la representación.

Me gustaría leer unas pocas cosas que describen la experiencia de alguien que logró la dicha, porque es muy poco frecuente encontrar descripciones de eso. Hay mucha gente en nuestros días que escribe sobre sus experiencias. Esta es una persona de hace un par de miles de años que, de un modo tradicional, acudió a su guru, se refugió en su guru, el guru le enseñó y después experimentó la dicha divina. Esta es su descripción:

"Habiendo entendido la verdad suprema por la autoridad de las escrituras, la instrucción del guru y su propio razonamiento, con los sentidos apaciguados y la mente controlada, el discípulo se quedó inmóvil en un lugar solitario. Estableciendo la mente durante un tiempo en Brahman, la Realidad Suprema, se levantó y habló así desde la abundancia de su alegría."

Así que aquietó la mente, se fue a un lugar tranquilo, él solo, apaciguó completamente la mente y pensó en las enseñanzas que había estudiado, y en todo lo que su guru le había dicho. Su mente se concentró en un solo punto y experimentó la dicha suprema. Entonces dijo:

"La grandeza del océano del Brahman Supremo, lleno del néctar del conocimiento del Yo, no puede expresarse adecuadamente con palabras, ni pensarse con la mente. Mi mente, que ha alcanzado el estado, este estado, y se ha unido con ese océano, ahora está satisfecha, disfrutando de la dicha. ¿Dónde ha ido este universo? ¿Quién se lo ha llevado? Antes

lo veía, pero ahora no. ¡Qué maravilla! Sólo existe el océano de dicha. ¿Qué es lo que hay que rechazar, qué es lo que hay que aceptar? ¿Qué es diferente? ¿Qué es distinto en este gran océano lleno del néctar de la dicha infinita? No veo nada. No oigo nada. No sé nada. Sencillamente permanezco bajo la forma de mi propio Atman y continúo disfrutando de la Dicha.

"Te saludo, oh guru, una y otra vez. Oh tú, el grande, libre de todo apego, el mejor entre los conocedores de Brahman, que son la encarnación de la eterna esencia de la dicha, el infinito, el depósito supremo y eterno de misericordia. Por la concesión de tu graciosa mirada, como los apretados rayos de la fresca luna, todas mis aflicciones del samsara han sido eliminadas y he adquirido en un momento el estado inmarchitable del Yo, que tiene la naturaleza de la Dicha Infinita. Estoy bendecido. He logrado mi objetivo. Me he liberado de las garras del océano del nacimiento y la muerte. Tengo la naturaleza de la dicha permanente. Estoy lleno, por tu gracia.

"Yo soy Brahman, al que nada iguala, la verdad sin comienzo más allá de todas las imaginaciones y cuya naturaleza es la dicha eterna y uniforme, la Verdad Suprema. Por el juego de los vientos de maya, las distintas olas del universo se levantan y se funden en mí, el océano infinito de dicha. Como el cielo, estoy más allá de todas las divisiones imaginadas. Como el sol, soy distinto a todo lo iluminado. Como la inmóvil montaña, soy permanente e inmutable. Como el océano, carezco de orillas. En mi gran sueño en el bosque del nacimiento, la vejez y la muerte, mecido por maya, me he agotado por diversas desgracias que me afligían en todo momento. He sido atormentado por el tigre del ego.

Por tu gracia infinita, mi guru, me has despertado del sueño y me has salvado."

Om Namah Shivaya.

Satsang en el M. A. Center, 1994
Cinta 6 – Cara B

www.ingramcontent.com/pod-product-compliance
Lightning Source LLC
LaVergne TN
LVHW020353090426
835511LV00041B/3037